Konrad-Zacharias
Wolfmiller

Markus Semmler

Alexander
Herrmann

Juan Amador

Manfred Heissig

Sven Büttner

D1731045

Steffen
Sonnenwald

Christian
Exenberger

Björn Freitag

Gerd Eis

# Die
# Jungen
# Wilden
# kochen

# Die Jungen Wilden kochen

## Deutschlands Starköche –
## The New Generation

Herausgegeben
von den Jungen Wilden
Fotos von Amos Schliack
Texte von Carolin Schuhler

# Inhalt

# „Wir sind nicht besser – wir sind anders!"

„Neu. Anders. Ohne jede Kompromisse": Mit diesem Schlachtruf betrat 1997 eine Gruppe junger Top-Cuisiniers die kulinarische Szene Deutschlands, um der Spitzengastronomie frische Impulse zu verleihen.

Ihr Credo: „Kochen macht Spaß – und in der Haute Cuisine muss es nicht steif zugehen!"

Ihr Anspruch: „Das Handwerk perfekt beherrschen – mit Kreativität überraschen!"

Ihr Ziel: Den Beruf für den Nachwuchs wieder attraktiv machen.

Und ihr Name: die „Jungen Wilden".

Ein Name als Programm. Seit Anfang der achtziger Jahre des letzten Jahrhunderts deutsche Avantgarde-Künstler mit einem neuen, aufregenden Stil international Erfolge feierten, steht „Junge Wilde" für Eigenschaften wie diese: sinnlich und eigenwillig, fantastisch und kraftvoll, manchmal ironisch – und oft provozierend.

## Start als kulinarisches Quartett

Vor drei Jahren begann der Cuisinier Frank Buchholz nach einer neuen Plattform für talentierte, innovative Köche zu suchen, denen die Auflagen etablierter Vereinigungen wie etwa „Eurotoques" zu streng waren. „Nichts gegen die Mitglieder dieser Organisationen, doch es gibt genug Querdenker, die auch anders Spaß haben wollen!"

Ein Anruf bei Otto Koch brachte die wilde Sache ins Rollen: Der ehemalige Chef des legendären Münchner *Le Gourmet*,

heute als kulinarischer Berater für verschiedene Unternehmen tätig, konzipiert unter anderem die Feinschmecker-Veranstaltungen für den Reise-Riesen „Robinson". Immer auf der Suche „nach neuem Schwung für die Club-Küche", hörte er sich Franks Vorschlag an, fand die Idee spannend und bat Buchholz' Bande im August 1997 auf hohe See: Bei einem Gourmet-Törn zwischen Kreta und Catania sollte dieser mit Holger Stromberg, Achim Schwekendiek und Christian Loisl auf dem Segelschiff „Starflyer" kochen. Die Gäste zeigten sich ebenso überrascht wie angetan – und das kulinarische Quartett auch: Wieder an Land, beschloss der Freundeskreis der „Jungen Wilden", das Prinzip des wohlschmeckenden Teamworks in organisierter Form weiter zu verfolgen.

*... Djerba, im Februar 98: Auf der Ferieninsel soll das Fünf-Sterne-Hotel Athenee Palace eröffnet werden. Die Stimmung hinter den Kulissen: nervös. Sogar das Fernsehen ist da! Das Team des Urlaubsmagazins „VOX-Tours" plant auch Mini-Drehs mit den eingeflogenen Vertretern der „Jungen Wilden":*
*Konrad-Zacharias Wolfmiller soll vor der Kamera schnell einen „Fitness-Cocktail" mixen. Kaum hat der blonde Bayer Früchte und*

Shaker zur Hand genommen, fällt der Strom intervallweise aus; außerdem funktioniert der An/Aus-Schalter am Gerät nicht, so dass ein zweiter Koch den Stecker immer wieder in die Dose stecken beziehungsweise herausziehen muss – vorausgesetzt, es gibt gerade Strom. Nach drei Stunden kann ein leicht derangierter Wolfmiller seinen Drink präsentieren. Die später sekundenkurz gezeigte Szene ist im Kasten ...

Gut zweieinhalb Jahre nach dem ersten Ausflug auf der „Starflyer" ist die Beteiligung an spektakulären Events zu einem der Markenzeichen des inzwischen auf 20 Mitglieder angewachsenen Freundeskreises geworden. So kochten die Kreativ-Künstler in unterschiedlicher Besetzung zum Beispiel bei

Gourmetwochen im Robinson Club *Hotel Tulum* in Mexiko auf, bei der Düsseldorfer Weinmesse, bei der Eröffnung des neuen Drehrestaurants im Münchner Olympiaturm – und eben bei der Hotelpremiere in Tunesien.

Gastronomen, Luxus-Unternehmen und Veranstalter profitieren von den imagewirksamen Auftritten der Wilden in Weiß; die Akteure selbst schätzen neben dem auch für sie wirtschaftlich wichtigen Synergie-Effekt und dem hohen Fun-Faktor vor allem die kulinarischen Inspirationen, die das Crossover der Stile und Geschmäcker bringt – denn in einer Berufsgruppe, die bislang vor allem Solisten hervorbrachte, galt Transparenz lange genug als Fremdwort.

**Die „Jungen Wilden"**

*Hintere Reihe (v.l.n.r.):*
*Frank Rosin, Markus Semmler, Alexander Herrmann, Stefan Manier, Achim Schwekendiek, Konrad-Zacharias Wolfmiller, Manfred Heissig, Gerd Eis, Steffen Sonnenwald.*

*Vordere Reihe (v.l.n.r.):*
*Frank Buchholz, Frank Oehler, Kolja Kleeberg, Manuela Ferling (die Managerin der „Jungen Wilden"), Sven Büttner, Juan Amador, Christian Exenberger.*

*Ganz vorne: Stefan Marquard (l.) und Christian Loisl.*
*Es fehlen: Alexander Dressel, Björn Freitag und Holger Stromberg.*

# Kalbskopf und Gambas

Gemeinsam eine neue, genuss- und spaßreiche Küche entwickeln – darin besteht der Team-Gedanke der „Jungen Wilden", der regelmäßigen Austausch, gegenseitiges Fordern und Herausfordern impliziert. Ob neue Mitglieder wirklich Interesse an dieser Art von Kommunikation haben, müssen sie in einer einjährigen Probezeit beweisen – nur wer sich in dieser Zeit für die Gruppe engagiert, wird anschließend aufgenommen. Dass dabei auch unterschiedliche Stilrichtungen zum Tragen kommen, gehört zur pluralistischen Philosophie: Erlaubt ist, was gefällt – vorausgesetzt, es ist ideenreich und von höchster Qualität, entspricht also dem Prinzip „Stilbruch mit Stil".

Neue Küche übersetzen die „Jungen Wilden" nicht mit Nouvelle Cuisine und Leichtigkeit, nicht „mit geviertelten Mini-Möhrchen" – auch wenn sie die entsprechende Zubereitung durchaus beherrschen: Alle Mitglieder haben bei Spitzen- oder Sterneköchen gelernt und/oder gearbeitet; die meisten von ihnen stehen heute an den Herden mehrfach ausgezeichneter Adressen – wobei die „Jungen Wilden" selbst nicht gern unterscheiden zwischen hoch dekorierten Stars oder hoffnungsvollen Newcomern. Sie bezeichnen Meister wie Witzigmann und Winkler, Mosimann und Müller, Haas und Jäger als kulinarische Ziehväter und haben von ihnen vor allem die Lust am Spiel mit Tradition und Innovation gelernt, die Freude am Frischen, den Spaß am Verkuppeln von einfachen Dingen mit Luxusprodukten.

Wenn auch der Dreiklang „klassisch-mediterran-asiatisch" immer wieder ertönt, kocht doch jeder, wie es seiner Persönlichkeit entspricht: Da betont der eine die rustikale Note seiner Region, der andere liebt die Sinnlichkeit südlicher Aromen, der Dritte versüßt Vor- und Hauptgänge mit Dessert-Details. „Alle Produkte, alle Lebensmittel waren schon mal da", sagt Stefan Marquard, ein „Junger Wilder" der ersten Stunde, „wir können sie nicht neu erfinden – also müssen wir sie neu kombinieren! Zum Beispiel: süße Desserts mit würzigen Kräuteraromen – oder Fisch mit Fleisch." Zu echter Berühmtheit haben er und seine Kollegen einer ganz speziellen Paarung verholfen: Kalbskopf mit Krustentieren.

*Unverzichtbarer Partner zu gutem Essen: Weil der Genuss von feinen Speisen und edlen Getränken erst mit Mineralwasser perfekt abgerundet wird, ist aus dem einstigen Durstlöscher längst ein Kultgetränk geworden, dessen Wahl ebenso überlegt sein will wie die des Weines.*
*San Pellegrino entspricht dabei der Philosophie der „Jungen Wilden": von höchster Qualität, mit mediterranem Touch, international beliebt – und immer erfrischend.*

... München, Juni 1999: Holger Stromberg feiert furios seinen Einstand im Hotel Rafael. Mit fünf weiteren „Jungen Wilden" präsentiert der neue Chef de Cuisine ein Sieben-Gänge-Menü, zu dem unter anderem Champagnerschaum mit Kutteln und Spargel, mit Ziegenkäse gefüllte Krokantcannelloni und Steinbutt im Shisoblatt gehören. Die hundert geladenen Gäste bleiben, wie so häufig an der Isar, schön und langweilig oder einfach schön langweilig – bis sich um Mitternacht sechs Richtige dazu gesellen: die Köche selbst, in authentisch befleckten weißen Jacken und bester Partylaune. Was keine Konsulin und kein Prominenten-Anwalt mehr mitbekommt: Morgens um drei lassen sich Stromberg, Semmler & Co die Kreation von Stefan Marquard aufwärmen und an der Hotelbar servieren: Kalbskopf mit Gambas ...

„Mit den Jungs zu kochen ist wie Urlaub", sagt Alexander Dressel und Erster Vorsitzender Holger Stromberg verkürzt es auf ein Wort: „Party". Doch daneben haben die gemeinsamen Gastspiele eine weitere Funktion – die der positiven Außenwirkung: „Bei unseren Events demonstrieren wir: Der Kochberuf macht Spaß", heißt es in einem Statement, in dem das Hauptanliegen des Freundeskreises thematisiert wird: die Nachwuchsarbeit.

Schockiert durch oft noch brachiale Ausbildungsmethoden, frustriert von altem Hierarchiedenken, gestresst vom permanenten Personalmangel, versuchen die „Jungen Wilden" auf mehreren Ebenen, noch Jüngere für ihr Metier zu begeistern. Diese Aufgabe „fängt schon damit an, den Beruf des Kochs als attraktiv zu beschreiben. Viele schrecken davor zurück, da fast immer Spät- und Wochenendarbeit damit verbunden sind. Gute Arbeitskräfte werden verzweifelt gesucht! Wir möchten, dass das anders wird, sich die Lage wenigstens ein bisschen bessert."

... Türkei, 1998. Otto Koch bei einem „Robinson"-Event über die „Jungen Wilden": „Als ich jung war, gab es nicht viele, die mir helfen konnten – oder wollten. Erfahrungsaustausch hilft einem sehr, auch dieses Gefühl, eine Leidensgemeinschaft zu sein. Das funktioniert wie das homöopathische Prinzip: Ähnliches heilt Ähnliches. Für mich sind die ‚Jungen Wilden' heute ein bisschen wie Kinder: Wenn sie mich brauchen, bin ich da – wenn nicht, ist es auch okay. Ein Gärtner gießt ja schließlich auch nur seine Blumen und erwartet nicht, dass sie sich so entwickeln, wie er das möchte." Spricht's, wirft sich die Kochjacke über die Schulter und marschiert in die Küche. Sanft wird er wieder hinausgeschoben – der Kommentar der Blumen: „Lass mal, Otto, acht Vollchaoten hier drin sind genug ..."

Gezielte Nachwuchsförderung sieht eine Art Patenschaft vor, die in Kürze erstmals realisiert wird: Der Verein, der seine ursprüngliche strenge Altersbegrenzung (Trau keinem über 35) inzwischen gelockert hat – „Jung' steht für unsere Einstellung, nicht für das Alter" –, möchte einem begabten Jung-Koch das „erwirtschaftete Budget zur Verfügung stellen, um in einem Haus von Rang und Namen hospitieren zu können." Der gegenseitige Austausch von Auszubildenden wird ebenso diskutiert wie die Ermöglichung internationaler Erfahrungen. „Was kannst du in Zukunft wohl mit deinem deutschen Küchenmeister-Titel in der EU anfangen?", fragt Frank Buchholz eher rhetorisch – und entwirft die Vision von Praktika bei Top-Adressen in Frankreich, Italien oder England.

Ob London oder Lüdenscheid: Da alle Überschüsse der „Jungen Wilden" der Nachwuchsförderung dienen sollen, ist der Freundeskreis ein so genannter Idealverein, ein Verein mit einem ideelen Ziel und damit Organisations-Anforderungen unterworfen, die mit dem Adjektiv „wild" gemeinhin nicht assoziiert werden.

# Ein „Sauhaufen" mit Statut

Am 19. September 1999 traf sich der „Sauhaufen", wie Stefan Marquard die geniale Gang gern nennt, zur Gründungsversammlung in Bad Oeynhausen und veranlasste – in korrektem Amtsdeutsch – die Eintragung zum gemeinnützigen Verein. Seitdem verfügen die „Jungen Wilden" über Statut und Satzung (mit dem schön-widersprüchlichen Titel „Wilde Vereinsmeierei"), einen obligatorischen Mitgliedsbeitrag, Homepages inklusive Angabe der Lieblings-Pommesbuden im Internet (www.junge-wilde.de) und selbstverständlich ein Spendenkonto (Junge Wilde, Stadtsparkasse Bad Oeynhausen, BLZ 490 512 85, Konto 108 102 57).

Als Vereinsmanagerin fungiert Manuela Ferling, die schon lange vor der Etablierung als „e.V." begann, die Termine der „Jungen Wilden" zu koordinieren – bei 20 über ganz Deutschland verteilten, extrem beanspruchten Köchen ein Job, der der Organisation einer Feinschmecker-Küche in Nichts nachsteht. Das Phänomen, dass sie die einzige Frau bei den „Jungen

Wilden" ist, spiegelt die Lage in der Gastronomie wider: Die Helden am Herd sind fast ausschließlich Männer, in den seltensten Fällen kommt die Struktur der Häuser weiblichen Biografien so entgegen, dass Köchinnen bis an die Spitze aufsteigen können – Frauen-Karrieren als Cuisiniers sind meist nur in Familienbetrieben und auf wenig wilde Art möglich.

„W wie Weltoffen, I wie Individuell, L wie Lustküche, D wie Durchdacht" – diesen Anspruch haben die „Jungen Wilden" nicht nur auf ihrer Website, sondern auch im täglichen Leben. Ob zu viele Köche nicht den Brei verderben könnten, sorgten sich nach der Vereinsgründung einige Kritiker. Einen Einheitsbrei vielleicht – die Stärke des Freundeskreises jedoch, der seine Mitgliederzahl auf 25 begrenzen möchte, liegt in den ganz unterschiedlichen Potenzialen seiner einzelnen Persönlichkeiten.
Stefan Marquard, der Punk liebt, Pogo tanzen geht, wann immer er Zeit dazu hat, und „Südostasien inzwischen blind" kennt, konstatiert: „Wir sind nicht besser als andere – wir sind anders".

# „Nicht an der Realität vorbei kochen!"

Anders-Sein beinhaltet den Mut, neue Wege in ihrer Branche zu gehen – um für mehr Popularität zu sorgen, aber auch, um im geliebten Beruf mehr als den berüchtigten Hungerlohn zu verdienen. „Unsere Generation hat die Altlasten einer Spitzengastronomie aufzuarbeiten, in der kaum noch Geld zu verdienen ist", sagt Frank Buchholz.

Und Stefan Manier, mit 27 Jahren einer der Jüngsten im Verein, über die Kluft zwischen Schein und Sein: „Im hoch subventionierten 3-Sterne-Restaurant kostbarste Kochkunst zu zelebrieren – gut und schön. Doch du kannst nicht dein Leben lang an der Realität vorbei kochen!"

In der heutigen Wirklichkeit, so meinen sie fast einstimmig, prägen Koch & Küche höchstens fünfzig Prozent des Erlebnisses „Essen" – den Rest bestimmen Atmosphäre, Service, Programm. Einige „Junge Wilde" sind inzwischen hauptberuflich als Berater für Food-Unternehmen oder Großgastronomen tätig; zu den Sponsoren des Freundeskreises zählt neben einem Produzent von Luxus-Uhren und einem Kommunikationsunternehmen auch ein Küchenhersteller.

Am deutlichsten wird der Unterhaltungswert modernen Kochens wohl bei TV-Shows wie dem „Kochduell": Frank Buch-

holz und Alexander Herrmann, die beiden „Jungen Wilden", die zur festen Crew des VOX-Appetizers gehören, haben fast schon Pop-Star-Status – als der Verein in Bad Oeynhausen fürs Gruppenfoto posierte, mussten die beiden prompt Autogramme geben.

„Sexy", „attraktiv", „cool" – auch das ist neu: Köche, die in der Öffentlichkeit früher als eher geschlechtslose Wesen mit absurd hohen Mützen auftraten, werden plötzlich mit solchen Begriffen bedacht. Von welchem Maître hätte man früher schon mal gehört, dass er sich über das Mini-Übergewicht von „derzeit vier Kilo zu viel" Gedanken macht? Und welche Gastronomen-Garde wäre vor die Kameras des „Playboy" getreten? An-, nicht ausgezogen: in den Klamotten ihrer Lieblingsdesigner.

Die „Jungen Wilden": Dass der Begriff kurz nach ihrer Vereinsgründung plötzlich in unterschiedlichsten Zusammenhängen als Schlag- oder sogar Modewort auftauchte – vom Kleinwagen bis zu Strömungen in politischen Parteien –, nehmen die Köche gelassen. „Du wirst immer in eine Schublade gesteckt", sagt Steffen Sonnenwald, „diese haben wir uns wenigstens selbst ausgesucht – eine, in der wir uns ausleben können!"

*... wieder Djerba, Februar 1998. Die „Jungen Wilden" kochen über Kreuz: Jeder ist für einen Gang verantwortlich und assistiert den anderen sieben zugleich bei ihren eigenen Kreationen. Mangelnde Abstimmung? Oder einfach Vergesslichkeit? Jedenfalls geraten die im Ofen vor sich hin backenden Erdäpfel für die „gefüllten Kartoffeln" entschieden zu dunkel. Konrad-Zacharias Wolfmiller und Alexander Herrmann sortieren in höchster Eile die helleren aus, kratzen hier ein Stückchen ab, decken dort mit ein wenig Soße ab ... „und raus damit". Gut neunzig Minuten später präsentieren sich die Köche dem Publikum. Ein Gast möchte im Namen aller etwas über das Menü sagen. „Also, wir fanden, heute abend war's am besten ..."*

*Tradition und Innovation, Kreativität und Perfektion – dynamisches Zusammenspiel in der modernen Gastronomie, das die Küche der „Jungen Wilden" entscheidend prägt, gehört auch zu den Prinzipien von Geldermann. Um höchste Qualität und geschmackliche Nähe zum Champagner zu erreichen, setzen die Hersteller in Breisach kompromisslos auf Bewährtes – die Flaschengärung nach dem traditionellen Verfahren. Gleichzeitig sind die Genuss-Spezialisten immer offen für Neues und kreieren Sekte von eigenständigem, unverwechselbarem Profil. Ganz nach alter Manier reifen sie mindestens 12 Monate auf der Hefe und erhalten dadurch ihre besonderen Geschmacksnuancen.*

# Zartbitterer Genuss

Der Sohn spanischer Eltern spricht akzentfreies, mildes Schwäbisch – im freundlichen Tonfall eines Württembergers, der darin geübt ist, sich in anderen Regionen Deutschlands zu verständigen: Juan Amador, 1968 in Waiblingen geboren, führte seine kulinarische Karriere – nach einer Lehre im *Gasthof Lamm*, Weinstadt-Strümpfelbach – über den Münchner *Gasthof Alter Wirt*, das *Schlosshotel Bühlerhöhe*, Baden-Baden, das *Restaurant Waldhorn*, Ravensburg, das Lüdenscheider *Restaurant Petersilie* schließlich ins *Fährhaus Munkmarsch* auf Sylt.

Seit Anfang dieses Jahres ist er Chef de Cuisine im *Schlosshotel Die Weyberhöfe* bei Aschaffenburg. Ziel des Projekts, in dem er mit seiner Freundin Victoria Wörz als Restaurantleiterin und Achim Schoch, dem „Freund am Herd", als Souschef startet: das Restaurant des Fünf-Sterne-Hotels „zur Nr. 1 der Region" zu machen.

Im Sammeln von Titeln hat er bereits reichlich Erfahrung: Amador wurde unter anderem mit einem Stern im Guide Michelin ausgezeichnet, bekam 18 Punkte im Gault Millau, 3,5 Fs im Feinschmecker, zwei Mützen im Varta-Führer, zwei Sonnen im Savoir-Vivre, zehn Küchenpunkte im Marcellino sowie drei Mützen im Falk-Führer.

Was sich wie die Trophäensammlung eines zielstrebigen Erfolgsjägers liest, begann aber eher zufällig. Juans Mutter wollte, dass er Medizin studiert, er selbst dachte an eine Juristen-Laufbahn. Sicher, da gab es noch diese Verwandten mit dem Hotel auf Ibiza, doch das fand er „nie sonderlich interessant". Bis der Rechtsanwalt in spe im Rahmen eines Schulpraktikums in der Gastronomie landete – „und da hat es ‚Peng' gemacht".

„Die Möglichkeit, sich individuell auszudrücken", liebt er besonders an seinem Beruf. Anders als etwa einem Schreiner oder Mechaniker, sagt der begeisterte Zweiradfahrer, seien einem Koch viele Extratouren erlaubt. So folgt er – immer auf Grundlage der klassischen französischen Küche – seiner speziellen Passion: der Vermählung der Geschmäcker von Küste und Binnenland.

„Mar y muntanya" heißt der exquisite Mix, den Juan Amador bei einer Restaurantreise durch Katalonien kennen lernte und seitdem beständig verfeinert und weiterentwickelt. Die goldene Regel – eine jener wenigen Beschränkungen, die sich der Freiheitsliebende selbst gerne auferlegt – dieser Kombinationskunst lautet: „Es muss alles Sinn ergeben".

Gerichte sollen nur verbinden, was zueinander passt – dass sich dabei noch genug überraschende Traum-Paare finden, beweisen Amadors Kompositionen wie beispielsweise trüffelgespickter St. Pierre auf geschmorter Ochsenzunge, Crèpinettes von Kaninchen und Jakobsmuscheln oder einer der katalonischen Klassiker: Kaninchen mit Schokoladensauce. „Wenn man dem Jus eine sehr bittere Schokoladensauce beimengt, ähnelt das Ergebnis einer ganz herben Rotweinsauce", erklärt Amador. Logisch also sein Tipp: „Zartbitterschokolade harmoniert auch mit Wild!"

Überhaupt kommt dem, was Fisch oder Fleisch – oder beides zusammen – umspielt, eine besondere Rolle zu: Amador gibt zunächst eine sehr intensive, die „Extrem-Sauce" auf den Teller, dann eine leichtere, mit Butter und Milch aufgeschäumt, um anschließend beide zu vermischen.

„Die Leute sollen aufstehen mit dem Gefühl, dass sie so etwas noch nie probiert haben. Wenn sich die Gäste merken, was und wie sie bei uns gegessen haben, motiviert mich das." Ein Genuss, der trotz der objektiv gegebenen Kurzlebigkeit in Gaumen und Gedächtnis haften bleibt – das ist das Ziel des 31-Jährigen, der privat wie professionell neben guter Küche auch guten Service und stimmige Weine schätzt.

Kürzlich hat der Rotwein-Fan (aktuelle Favoriten: Kalifornien, Burgund, Spanien) Dagmar Ehrlichs Ratgeber „Weine 2000" um die passenden Rezepte bereichert. Und damit nicht nur der Geschmack der Gäste immer wieder etwas Neues erfährt, lädt Amador sein Team nach Service-Ende meist noch auf eine Runde ein. Nicht einfach zum Schlummertrunk – zur Blindverkostung.

# Juan
# Amador

**Mein Menü:**

> **Kartoffelstampf mit Jakobsmuscheln und Imperial–Kaviar**

> **Deichlammrücken mit Bohnen und Mimolette in Sauce vierge**

> **Crema Catalana leger mit Kakaosorbet und eingelegten Aprikosen**

**Tipp:**
> Einen Sahnesiphon erhalten Sie im Haushaltswarengeschäft (z. B. von „Isi"). Einen solchen Sprüher können Sie beispielsweise auch für die Herstellung von Kartoffelschaum, Tomaten- oder Gurkenschaum verwenden.

# Crema Catalana leger
## mit Kakaosorbet
### und eingelegten Aprikosen

## Dessert

Für 4 Personen

FÜR DIE CREMA CATALANA:
350 g Sahne
150 ml Milch
60 g Zucker
Mark von 1 Vanilleschote
2 Zimtstangen
abgeriebene Schale von 1/2 unbehandelten Zitrone
30 g Vanillepuddingpulver
6 Eigelb
etwas Aprikosenlikör

FÜR DAS KAKAOSORBET:
100 g Zucker
60 g Glukosesirup
60 g Kakaopulver
200 g Zartbitterschokolade

FÜR DIE APRIKOSEN:
200 g Aprikosen, abgezogen und geviertelt
50 g Butter, 50 g Zucker
etwas Aprikosenlikör
100 ml Riesling, Beerenauslese
etwas Speisestärke nach Bedarf

> Für die Crema Catalana Sahne, Milch, Zucker, Vanillemark, Zimt und abgeriebene Zitronenschale aufkochen, mit dem in etwas kaltem Wasser angerührten Puddingpulver abbinden, einmal aufkochen lassen und die Mischung durch ein Sieb passieren.
> Die Masse auf die Eigelbe geben und in einer Schüssel auf einem Wasserbad bei 85 °C zur Rose abziehen. Mit Aprikosenlikör parfümieren.
> Die Masse dann auf einem kalten Wasserbad unter Rühren abkühlen lassen und in einen Sahnesiphon füllen. Das Gefäß unter Hinzugabe von 2 – 3 Patronen Kohlensäure 6 – 10 Stunden kalt stellen.

> Für das Kakaosorbet alle Zutaten in 1/2 l Wasser aufkochen, die Mischung abkühlen lassen und in einer Eismaschine gefrieren lassen.
> Die Aprikosenviertel in Butter und Zucker anschwitzen, mit etwas Aprikosenlikör ablöschen und mit dem Wein auffüllen. Aufkochen lassen, eventuell mit etwas Speisestärke abbinden und auskühlen lassen.
> In Caipirinha-Gläser zuerst Aprikosen, dann Kakaosorbet füllen, zuletzt die Crema Catalana aufsprühen. Mit braunem Zucker bestreuen und mit einem Bunsenbrenner abflämmen! Nach Belieben mit getrockneter Vanilleschote und Minze dekorieren.

# Kartoffelstampf mit Jakobsmuscheln und Imperial-Kaviar

## Vorspeise

Für 4 Personen

ZUTATEN:
2 Zucchini
Butter für die Förmchen
400 g Kartoffeln (Sorte Charlotte)
Salz
100 g Crème fraîche
100 ml Olivenöl extra vergine
2 Bund Schnittlauch
Pfeffer
200 ml Fischfond
100 g kalte Butter
etwas Estragonessig
Cayennepfeffer
8 Jakobsmuscheln in der Schale
Olivenöl zum Braten
100 g Imperial-Kaviar

### Tipp:
❯ Die Vorspeise nach Belieben mit Lauchstroh (frittierter Lauchjulienne) und frittierten, sehr dünnen Kartoffelchips dekorieren.

❯ Für den Kartoffelstampf die Zucchini in 2 mm dünne Scheiben schneiden, blanchieren und gebutterte Ringformen von 8 cm Ø fächerartig damit auslegen.

❯ Die Kartoffeln in Salzwasser gar kochen, pellen und mit einer Gabel zerdrücken. 50 g Crème fraîche und etwas Olivenöl dazugeben und mit etwas fein geschnittenem Schnittlauch, Salz und Pfeffer abschmecken. Den Kartoffelstampf in die Zucchiniringe füllen und warm stellen.

❯ Für die Schnittlauchvinaigrette den restlichen Schnittlauch (ein wenig für die Dekoration zurückbehalten) blanchieren und im Mixer mit warmem Fischfond und der restlichen Crème fraîche pürieren. Kalte Butter und das restliche Olivenöl dazugeben und mit Estragonessig, Salz und Cayennepfeffer abschmecken. Die Vinaigrette sollte leicht säuerlich schmecken. Anschließend durch ein Sieb passieren.

❯ Die Muscheln ausbrechen, so dass nur das weiße Fleisch (Nüsschen) übrig bleibt. Dieses kurz wässern und anschließend auf einem Küchentuch gut trockentupfen. Mit Salz und Pfeffer würzen und auf jeder Seite etwa 1 1/2 Minuten (je nach Größe) in etwas Olivenöl braten.

❯ Den Zucchiniring mit dem Stampf vorsichtig in tiefe Teller geben und den Ring abziehen. Jakobsmuscheln auflegen, den Kaviar obenauf geben und mit Schnittlauch bestreuen. Die Vinaigrette erwärmen, mit dem Mixstab aufmixen und um den Kartoffelstampf angießen.

# Deichlammrücken
### mit Bohnen
### und Mimolette
### in Sauce vierge

## Hauptgang

Für 4 Personen

ZUTATEN:
4 Lammkoteletts à 50 g (vorzugsweise vom Deichlamm)
Salz, Pfeffer
1 Aubergine, längs in dünne
Scheiben geschnitten
etwas Schweinenetz
4 Stücke Lammrücken à 80 g
(vorzugsweise vom Deichlamm)
1 Bund Basilikum, die Blätter abgezupft
100 g getrocknete Tomaten, in Stücke
geschnitten
4 Lammfilets à 50 g (vorzugsweise
vom Deichlamm)
40 g schwarze Olivenpaste (Glas)
Olivenöl zum Braten
40 g 2 Jahre gereifter Mimolette,
gerieben (oder alter Parmesan)
200 ml Lammfond
etwas Limettensaft
gemahlene Koriandersamen
etwas Speisestärke
100 g tomate concassé
40 g gekochte weiße Bohnenkerne
etwas Olivenöl extra vergine
80 g längs halbierte Kenia-Bohnen, blanchiert
etwas Butter zum Anschwitzen
4 Zweige Rosmarin, frittiert
alter Aceto balsamico

> Die Lammkoteletts mit Salz und Pfeffer würzen, mit der
Hälfte der Auberginenscheiben belegen und in Schweinenetz
wickeln.
> In die Lammrückenstücke eine Tasche einschneiden, auf-
klappen und mit einigen Basilikumblättern und getrockneten
Tomaten belegen. Die Tasche zuklappen und die Lamm-
rückenstücke zur Roulade gerollt fest in Alufolie wickeln.
> Die Lammfilets würzen, mit Olivenpaste einstreichen und in
die restlichen Auberginenstreifen einrollen, ebenfalls fest in
Alufolie wickeln.
> Den Backofen auf 100 °C vorheizen. Alle Fleischteile rings-
um in heißem Olivenöl anbraten, auf ein Kuchengitter setzen
und für 10–12 Minuten in den heißen Ofen geben.
> Den Mimolette bei geringer Hitze in eine beschichtete Pfan-
ne in Form von runden Plätzchen streuen. Wenn der Käse zu
schmelzen beginnt, die Plätzchen wenden und dann über
einem Kochlöffelstiel fest werden lassen.
> Für die Sauce vierge den Lammfond aufkochen, mit Limet-
tensaft und Koriander abschmecken, mit Speisestärke leicht
abbinden und dann Tomatenwürfel, Bohnenkerne und etwas
fein geschnittenes Basilikum dazugeben. Einmal aufkochen
lassen und vor dem Anrichten Olivenöl dazugeben.
> Die Sauce auf Teller geben, die Lammstücke nach Belieben
tranchieren und auf den Saucenspiegel verteilen. Die Kenia-
Bohnen in Butter anschwitzen, würzen und ebenfalls verteilen.
Jeweils 1 Mimoletterippe und 1 frittierten Rosmarinzweig dazugeben und zum Schluss punktuell etwas Olivenpaste und
Aceto balsamico darüber geben.

# Essen –
## die Erotik des Alltags

Wer nach Ausbildung und dem Überwinden diverser hierarischer Strukturen schließlich Chef de Cuisine wird, hat meistens das Gefühl, etwas zum Abschluss gebracht zu haben. Nicht so Frank Buchholz: Da fühlte er sich erst am Anfang. „Koch allein – das war mir zu wenig!". Weil er die in deutschen Küchen vorherrschende Denk- und Arbeitsweisen für „überholt und irrational" hielt, begann er, systematisch nach außen zu gehen, traditionelle Hürden zu überwinden, seit Generationen festgelegte Grenzen zu sprengen – und so das Image seines Berufsstands von Grund auf zu verändern: Dank Buchholz werden

Köchen heute auch mal Attribute wie „medienwirksam" oder „modern" zugeschrieben: der stets braun gebrannte Blonde selbst gilt nicht grundlos als „Kommunikationsgenie", „Koch mit Managereigenschaften" – oder auch als „Sonnyboy" beziehungsweise „Surfertyp".

Tatsächlich liebt Buchholz Wassersport jeder Art, auch Snowboarden und Gleitschirmfliegen, doch „vor 2001 ist daran gar nicht mehr zu denken". Seit er sich von seiner letzten Station, dem Zwei-Sterne-Restaurant *Brückenkeller* in Frankfurt/Main, verabschiedete und die Eroberung der Öffentlichkeit in Angriff genommen hat, befindet sich der 33-jährige Vater eines kleinen Sohnes in einem Zustand permanenter Atemlosigkeit. Die Veröffentlichung zweier Bücher, Lesereisen, Autogrammstunden, Promotion-Touren für einen Küchenhersteller, Präsentation der eigenen Website (www.frank-buchholz.de), TV-Auftritte im VOX-„Kochduell": Da empfindet selbst jemand, der 16-Stunden-Tage in der Küche gewöhnt ist, „eine zuvor nie da gewesene Turbulenz" in seinem Leben. Jedoch, und das macht die süße Differenz zwischen selbst gewähltem und fremdbestimmtem Stress aus, „trage ich dafür entscheidend Eigenverantwortung!" Ein drittes Buch ist gerade beendet, weitere Projekte sind in Planung. Dass der Sohn des Ruhrgebiets die

Faszination an Essen, Kochen und Genießen immer wieder überzeugend vermitteln kann, liegt zum einen an seiner umsichtigen Managerin Manuela Ferling, zum anderen an Buchholz' profunden Koch-Kenntnissen und seiner tief empfundenen Liebe zu seinem Job. Sein Credo: „Essen ist die Erotik des Alltags".

Schon früh lernte Buchholz verschiedenste Facetten der Gastronomie kennen: Die aus einer Metzgerfamilie stammende Mutter und der Stiefvater bauten sich aus dem Nichts eine Existenz auf und waren als Bistro-, Café- und Disco-Betreiber erfolgreich, bis Salvatore Gala seinen Traum realisierte und das *Meisterhaus* in Unna in eine Pizzeria verwandelte. Nach einer Lehre im *Hotel/Restaurant Goldschmieding* in Castrop Rauxel ging auch Frank „zum Italiener" – ins legendäre *Rino Casati* in Köln. Sein weiterer Weg liest sich wie eine gastronomische

Milchstraße: sternenfunkelnd fast jede Adresse, seien es die *Käfer-Stuben* oder das *Tantris* in München, das *Landhaus Scherrer* in Hamburg oder das *Marquesi* in Mailand. Als Küchenchef sorgte er erstmals im Harz für Furore, als er im *Landhaus zu den Rothen Forellen* die Gastronomie der kurzen Wege einführte, von Lastwagen-Ladungen aus Paris-Rungis auf Kaninchen-Lieferungen aus einer ehemaligen LPG, Fleisch vom Metzger gegenüber und Pilze von privaten Sammlern umstellte.

Regionale, frische Produkte, leichte Gerichte, individueller Service und dabei die Perfektion Winklerscher Schule – so gelang es Buchholz anschließend, den Frankfurter *Brückenkeller* „vom Schmodder zu befreien". Zwischen Rehmousse mit Portogelee und schwarzen Trüffeln auf der einen und Ochsenbrust mit Meerrettich auf der anderen bewegten sich seine Haute cuisine und selbst interpretierten Gutbürgerlichkeiten – eine Mischung, die der als „innovativster Koch 1999" Ausgezeichnete auch beibehalten möchte, wenn er in diesem Jahr das *Meisterhaus* von Stiefvater Salvatore übernimmt. „Pizza werde ich immer machen. Sie hat mich früher ernährt. Und sie lässt sich wunderbar zelebrieren. Die hätten sich das damals patentieren lassen sollen, das Ding."

Der Koch als Allrounder: Zwar gilt das frühere „Enfant terrible" als Pionier dieser Disziplin, doch alleine ist Buchholz schon lange nicht mehr: Als Mit-Initiator des ersten Treffens der „Jungen Wilden" – und einer der Gründungsväter des Freundeskreises. Der Starkoch, der „das Team an sich" liebt, mag dieses ganz besonders: „Wir sind alle kauzig. Jeder auf seine eigene Weise."

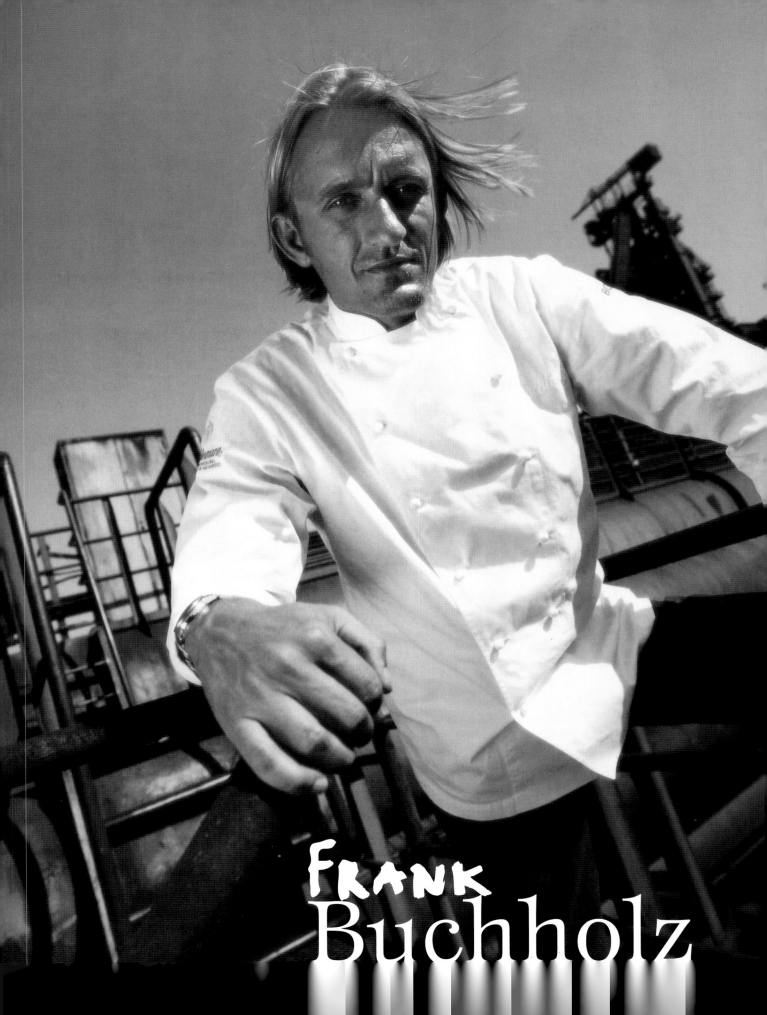

# FRANK
# Buchholz

**Mein Menü:**

> Parmesan–Hippenblüten an Paprika–Fenchel–Salat und Tintenfisch

> Geschmorte Ochsenbacken auf Schnippelbohnen

> Knusper–Cannelloni mit kandierten Orangenschalen und Honigeis

# Parmesan-Hippenblüten
## an Paprika-Fenchel-Salat
## und Tintenfisch

### Vorspeise

Für 4 Personen

FÜR DAS GEMÜSE UND DEN TINTENFISCH:
4 Fenchelknollen, in feine Scheiben geschnitten
Saft von 2 Zitronen + etwas Zitronensaft für die Gemüsebrühe
Salz + grobes Salz für die Tomaten
Pfeffer
5–6 EL Olivenöl
2 Tomaten, gehäutet, geviertelt und entkernt
2 EL Thymianblättchen, einige Knoblauchblüten
1/4 l Olivenöl extra vergine zum Einlegen

8 Lauchzwiebeln, grob geschnitten
1 EL Honig
2 gelbe Paprikaschoten, in Rauten geschnitten
je 1 kleine gelbe und grüne Zucchini
2 mittelgroße Tintenfische
etwa 3/4 l kräftige Gemüsebrühe

FÜR DIE PARMESAN-HIPPENBLÜTEN:
etwa 3 EL Olivenöl
250 g Parmesan mit Rinde, fein gerieben

❯ Den Fenchel mit dem Zitronensaft übergießen, mit Salz und Pfeffer würzen; kühl stellen und über Nacht ziehen lassen.
❯ Mit etwas Olivenöl bestrichene Alufolie auf ein Backblech legen und die Tomatenviertel darauf verteilen. Mit Salz, Thymian und Knoblauchblüten bestreuen und mit 2 Esslöffeln Olivenöl beträufeln. Die Tomaten im gut 90 °C warmen Backofen 4 Stunden trocknen und bis zum Anrichten in einem Glas mit Olivenöl extra vergine aufbewahren.
❯ Für die Parmesan-Hippenblüten eine beschichtete Pfanne nicht zu stark erhitzen, etwas Olivenöl hineingeben und 1/4 des Parmesans kreisförmig einstreuen. Wenn der Käse zerläuft und sich zu verbinden beginnt, den Fladen mit einer Palette wenden und in 2–3 Minuten goldgelb backen. Den Parmesanfladen auf einen Suppenteller stürzen. Mit dem restlichen Parmesan genauso verfahren.

❯ Die Lauchzwiebeln in 2 Esslöffeln Olivenöl andünsten, den Honig zugeben und die Zwiebeln etwa 10 Minuten glasieren. Die geschnittenen Paprikaschoten und Zucchinischeiben zugeben und 15–20 Minuten bei milder Hitze ziehen lassen. Bei Zimmertemperatur abkühlen lassen.
❯ Die gesäuberten Tintenfische in der kräftigen Gemüsebrühe mit etwas Zitronensaft gar kochen. Herausnehmen und das weiße Fleisch in gleichmäßige Dreiecke schneiden, die Tentakeln ganz lassen.
❯ Vom Fenchel die Marinade abgießen, das restliche Olivenöl zugeben und abschmecken.
❯ Den Fenchel auf 4 Teller verteilen. Darauf das Paprikagemüse geben, die warmen Fischstücke obenauf anrichten. Mit den Tomaten garnieren und dann zusammen mit den Parmesan-Hippenblüten sofort servieren.

# Geschmorte
# Ochsenbacken
## auf Schnippelbohnen

### Hauptgang

Für 4 Personen

**FÜR DEN OCHSENBRATEN:**
1,2 kg Ochsenbacken
Salz, weißer Pfeffer aus der Mühle
Öl zum Braten
1 Staude Stangensellerie, gewürfelt
3 Karotten, gewürfelt, 4 Zwiebeln, gewürfelt
2 Knoblauchzehen, fein gewürfelt
30 g Butter
1 EL schwarze Pfefferkörner
5 Wacholderbeeren, 2 Lorbeerblätter
1 Zweig Rosmarin, 3 Zweige Thymian
2 EL Tomatenmark, 2 EL Mehl
je etwa 3/4 l roter Portwein und Rotwein
nach Belieben Rinderfond zum Aufgießen

**FÜR DIE SCHNIPPELBOHNEN:**
1 kg Schnippelbohnen, 100 g Speck
3 Schalotten, Öl zum Braten
250 g Sahne
Salz, Pfeffer aus der Mühle, Muskat

**FÜR DIE SCHALOTTENBUTTER:**
5 Schalotten, fein gewürfelt, 40 g Butter
1 Msp. Knoblauch, 2 EL gehackte Petersilie
je 1/2 TL gehackter Thymian und Rosmarin
Salz, weißer Pfeffer aus der Mühle

> Die Ochsenbacken salzen und pfeffern und in einem Bräter in Öl anbraten. Herausnehmen und das Fett abgießen.
> Das Gemüse mit Zwiebeln und Knoblauch im Bräter in 2 Esslöffeln Butter gut anrösten. Gewürze und Kräuter hinzufügen, salzen, pfeffern und das Tomatenmark einrühren.
> Das Gemüse kurz durchschmoren lassen, dann das Mehl darüber stäuben und leicht bräunen. Die restliche Butter zufügen. Abwechselnd mit etwas Portwein und Rotwein ablöschen und fast völlig einkochen lassen. Diesen Vorgang drei- bis viermal wiederholen. Den Backofen auf 180 °C vorheizen.
> Die Ochsenbacken in den Bräter legen, mit kaltem Rinderfond oder Wasser bedecken und 3–4 Stunden auf der unteren Schiene weich schmoren.
> Gegen Ende der Bratzeit Bohnen putzen und klein schneiden. Bissfest blanchieren, abschrecken und warm halten.
> Speck und Schalotten würfeln und in Öl anbraten.
> Die Sahne auf 1/3 reduzieren; mit Salz, Pfeffer und Muskat würzen. Zu Schalotten und Speck geben, ebenfalls warm halten und mit den Bohnen servieren.
> Für die Schalottenbutter die Schalotten in der Butter glasig braten. Mit Knoblauch und Kräutern würzen.
> Die gegarten Ochsenbacken aus dem Bräter nehmen und 10 Minuten ruhen lassen. Die Sauce passieren, mit Salz und Pfeffer abschmecken und eventuell etwas einkochen, mit Port- oder Rotwein abschmecken.
> Die Schalottenbutter mit 6–8 EL Schmorfond aufgießen und leicht einkochen. Mit Salz und Pfeffer abschmecken. Vor dem Servieren über die Ochsenbacken verteilen.
> Bohnen auf Teller portionieren, mit der Specksahne übergießen und das aufgeschnittene Fleisch darauf anrichten.

**Tipp:**
> Etwas von dem geschmorten Gemüse herausnehmen, bevor das Fleisch mitgegart wird, warm stellen und später mit anrichten.

# Knusper-Cannelloni
## mit kandierten Orangenschalen
## und Honigeis

**Dessert**

Für 4 Personen

FÜR DIE CANNELLONI:
50 g Zucker
50 g gehackte Mandeln
3 1/2 EL flüssige Butter
abgeriebene Schale von
1 unbehandelten Zitrone
1/4 l Orangensaft
100 g abgetropfte, in Sirup
eingelegte Birnen und Aprikosen
400 g Schafsfrischkäse (Ricotta
romana, sarda oder siciliana)
oder Sahnequark
50 g Puderzucker

FÜR DAS HONIGEIS:
5 Eigelb
50 g Zucker
1/2 l Milch
100 g Blütenhonig
100 g Sahne, steif geschlagen

FÜR DIE GARNITUR:
500 g Erdbeeren
100 g Zucker
kandierte Orangenschalenstreifen

❯ Aus 2 etwa 12 cm breiten Streifen festem Papier jeweils
eine Rolle mit etwa 2,5 cm Ø herstellen. Zucker, Mandeln,
Butter, Zitronenschale und Orangensaft verquirlen. Den Ofen
auf 200 °C vorheizen. Ein Blech mit Backpapier belegen.
❯ Zweimal 1/4 der Mandelmasse in einem 12 cm breiten
Rechteck dünn aufstreichen und 5 Minuten backen. Heraus-
nehmen, ablösen, noch warm um die Zylinderformen wickeln.
Auskühlen lassen und die Form herausziehen. Aus der rest-
lichen Mandelmasse 2 weitere Rollen herstellen.
❯ Die Sirupfrüchte würfeln, mit Frischkäse oder Quark und
Zucker verrühren und kalt stellen.
❯ Für das Honigeis Eigelbe und Zucker schaumig rühren, bis
eine weißliche Masse entsteht. Die Milch mit dem Honig auf-
kochen, darüber gießen und kräftig weiterschlagen.
❯ Die Creme bei schwacher Hitze rühren, bis sie dicklich
wird. Passieren, abkühlen lassen und mit dem Mixer aufschlagen, bis die Creme fest geworden ist.
❯ Die geschlagene Sahne unter die Creme heben, in der Eismaschine gefrieren lassen.
❯ Die Erdbeeren putzen und mit dem Zucker pürieren. Die
Sirupfrüchte-Käse-Füllung in einen Spritzbeutel mit weiter Tülle
geben und in die Cannelloni füllen. Die Cannelloni mit jeweils
1 Kugel Honigeis anrichten. Das Dessert mit den Orangenschalenstreifen und dem Erdbeermark garnieren.

# Gastronomie der Gezeiten

Manchmal fühlt sich Sven Büttner richtig reif für die Insel, für die Momente auf Sylt, die er besonders liebt: bei Wind und Wetter am Strand entlanglaufen, den Kopf freipusten lassen. Dabei kann er am besten relaxen.

Dass er dazu viel zu selten Gelegenheit findet, liegt nur zum Teil an der kleinen Tochter des 31-Jährigen – Elea, gerade mal sechs Monate alt, „sehr süß und sehr anstrengend". Sven Büttner ist Chef de Cuisine im In-Restaurant *Sansibar* in Rantum – und damit den Gezeiten einer Gastronomie ausgeliefert, die eigentlich nur den Unterschied zwischen Flut und Springflut kennt: Bei schönem Wetter kommen zu den 80 Plätzen drinnen 120 auf der Terrasse hinzu – mit seinem 18-köpfigen Küchen-Team muss Büttner auch diesem Ansturm standhalten. Von Freizeit auf der Ferieninsel kann dann keine Rede mehr sein. Kein Wunder, dass er zu jenen „Jungen Wilden" zählt, die in Bezug aufs Privatleben die feste Überzeugung vertreten: „Gastronomie gehört zu Gastronomie. Du hast entweder keine Partnerin – oder eine aus der Branche."

Dennoch hat sich der gebürtige Elmshorner ganz bewusst für die (nach Mallorca) beliebteste deutsche Urlaubsinsel entschieden, nachdem er zuvor zwischen Nord und Süd gependelt war.

Nach der Ausbildung im Hamburger *Intercontinental* ging der Sohn einer Gastronomenfamilie zunächst ins *Landhaus Scherrer* und in *Jörg Müllers Restaurant* in Westerland auf Sylt, um dann nach Baden-Württemberg zu wechseln: Büttner arbeitete als Chef de Partie in den *Schwarzwaldstuben* in Harald Wohlfahrts *Traube Tonbach* und im Freiburger *Colombi*, bis es ihn wieder nach Sylt zog.

Seine Küche setzt sich aus den vielfältigen Einflüssen dieser Stationen zusammen: Bei Harald Wohlfahrt hat er die typische Nouvelle Cuisine schätzen gelernt – „viel Gefülltes, viele Luxusprodukte, das Aroma von Trüffeln". Bei Jörg Müller war es vor allem die umfassende Produktverarbeitung, die sich eingeprägt hat: „Da wurde ein Zicklein oder ein Lamm als Ganzes gekauft – und dann auch komplett verwertet, von Kopf über den Schwanz bis zum Lämmerwürstchen". Seine eigenen Menüs auf der täglich wechselnden Karte sind Mosaike, die klassische, mediterrane und asiatische Elemente sowie immer „ein Stück von der Insel" beinhalten. Fisch-Favorit im bei Seglern besonders beliebten *Sansibar*: „Steinbutt – ob als Ganzes im Ofen oder als Filet."

Als „Nebenwirkung des Berufs" bezeichnet Büttner das Phänomen, dass sich der persönliche Geschmack von Spitzenköchen oft in die deftige Richtung entwickelt. Er selbst bevorzugt ebenfalls „die rustikale Schiene": „Hat jemand von den Anderen schon Rinderroulade genannt?" Das Top-Thema der „Jungen Wilden", Kalbskopf, schätzt er „vor allem als Salat oder gebacken" und erzählt von einer Variation, die manchen auf dem Festland neidisch machen dürfte: „Bei Jörg Müller haben wir Kalbskopf mit Hahnenkämmen serviert."

Zum Freundeskreis ist Büttner über den anderen langjährigen „Sylter", Juan Amador, gelangt. Das Wilde ist weniger die Sache des ruhigen Norddeutschen – bei ihm steht der Begriff „jung" im Vordergrund: „Viele Jugendliche werden verheizt", sagt er angesichts gleich bleibend hoher Arbeitsstunden-Zahl und niedriger Löhne. „Für uns war das ja damals noch eine Ehre", – damit ordnet er seinen Ausbildungsbeginn vor 15 Jahren eindeutig in eine weit zurückliegende Ära ein – „aber wer möchte heute noch für 1500 Mark 14 Stunden täglich arbeiten?" Finanzielle Hilfe sei ein Schritt, um begabten Jugendlichen weiterzuhelfen, ein weiterer die Unterstützung durch andere Köche. „Bei unserem Gründungstreffen ist mir erst einmal bewusst geworden, dass eigentlich doch jeder jeden kennt – über zwei, drei, vier Ecken." Also könne es eigentlich nicht so schwer sein, ein Netzwerk aufzubauen – von Süddeutschland bis Sylt.

# Sven
# Büttner

**Mein Menü:**

❯ **Muschelrisotto mit Safranfäden**

❯ **Stubenkükencrépinette auf Spitzkohl mit Trüffelsauce und Leberravioli**

❯ **Pralinenparfait im Biskuitmantel auf Zitrusfrüchte–Ragout**

# Muschelrisotto
## mit Safranfäden

### Vorspeise

Für 4 Personen

FÜR DIE MUSCHELN:
500 g Miesmuscheln
500 g Venusmuscheln
2 EL Olivenöl
150 g Gemüsewürfel aus Lauch oder Frühlingszwiebeln, Sellerie, Karotte und Schalotte
2 EL Pfefferkörner
1 Lorbeerblatt
2 Zweige Thymian
1 Knoblauchzehe
100 ml Weißwein

FÜR DEN RISOTTO:
80 g Butter
3 Schalotten, fein gehackt
2 Kaffeetassen Risottoreis
100 ml Weißwein
1/2 l Fischfond
1/2 l Muschelfond
2 g Safranfäden
4 EL geriebener Parmesan
Salz, Pfeffer
8 Jakobsmuscheln
etwas Pesto zum Garnieren

> Die Muscheln entbarten und waschen. Das Olivenöl in einem Topf erhitzen, das Gemüse darin gut anschwitzen. Gewürze, Knoblauchzehe und Muscheln hinzufügen, ebenfalls anschwitzen. Mit dem Weißwein ablöschen und die Muscheln zugedeckt köcheln lassen, bis sich die Schalen öffnen.

> Alles auf ein Sieb schütten, den Muschelfond auffangen. Nicht geöffnete Muscheln wegwerfen. Einige geöffnete Muscheln zum Garnieren zurückbehalten, von den restlichen das Fleisch aus den Schalen lösen.

> Für den Risotto 50 g Butter zergehen lassen, die Schalotten etwa 3 Minuten darin anschwitzen. Reis hinzugeben und unter Rühren 2 Minuten andünsten.

> Mit Weißwein portionsweise ablöschen und jeweils weiterrühren, bis dieser aufgesogen ist. Auf diese Weise den gesamten Wein einrühren.

> Den Reis mit Fisch- und Muschelfond auffüllen und sanft köcheln lassen. Wenn der Reis fast gar, d. h. noch bissfest ist, die Safranfäden beigeben und kurz mitköcheln lassen. Die restliche Butter und den Parmesan unterrühren, das Muschelfleisch hinzufügen und heiß werden lassen.

> Den Risotto mit Salz und Pfeffer abschmecken. Die Jakobsmuscheln in einer Grillpfanne kurz anbraten. Mit Jakobsmuscheln, den zurückbehaltenen Muscheln in den Schalen und etwas Pesto in tiefen Tellern anrichten.

31

Sven Büttner

# Stubenkükencrépinette auf Spitzkohl mit Trüffelsauce und Leberravioli

## Hauptgang

Für 4 Personen

**FÜR DIE STUBENKÜKENCREPINETTE:**
2 Stubenküken
100 g Kalbfleisch
100 g Sahne
Salz, Pfeffer
50 g Gemüsebrunoise (z. B. von Karotte, Stangensellerie, Lauch und Zucchini)
100 g Gänsestopfleber, gewürfelt
50 g Perigord-Trüffel, in feinen Scheiben
150 g Schweinenetz
Olivenöl zum Braten

**FÜR DIE SAUCE:**
300 ml roter Portwein
200 ml Kalbsjus
50 g Perigord-Trüffel, gehackt
2 EL schwarzes Trüffelöl
Salz, Pfeffer, etwas Butter

**FÜR DAS GEMÜSE:**
1 kleiner Spitzkohl
2 Karotten, in Juliennestreifen geschnitten
Salz, Pfeffer

**FÜR DIE LEBERRAVIOLI:**
200 g gedämpfte Kartoffeln, gepellt
75 g Mehl, knapp 2 EL Grieß
2 Eigelb
Salz, Pfeffer, Muskat
12 Scheiben Gänsestopfleber (über Nacht in je 2 EL Portwein, Cognac und Madeira marinieren)
Fett zum Ausbacken

❯ Von den Küken Brust und Keulen auslösen: Die Haut an der Brust belassen, das Gabelbein entfernen. Das Fleisch vom Brustbein schneiden, mit dem Messer dann bis zum Flügelgelenk ablösen. Flügelgelenke durchschneiden, Knochen am ersten Gelenk stutzen. Das Fleisch vom Flügelknochen abschaben, das Knochenende zurückschneiden. Keulen enthäuten. Das Keulenfleisch von den Schenkelknochen schaben; Knochen und verbliebene Sehnen entfernen.
❯ Aus dem Kalbfleisch und der Sahne eine Farce herstellen. Mit Salz und Pfeffer würzen. Gemüsebrunoise und Gänseleberwürfel unterheben. Den Backofen auf 180 °C vorheizen.
❯ Jeweils 1 Brust und 1 Keule zusammen mit der Farce füllen. Unter die Haut der Kükenbrust die Trüffelscheiben legen. Alles zusammen in Schweinenetz wickeln und würzen.
❯ Die Crépinettes von allen Seiten gleichmäßig anbraten und im heißen Ofen in 12–15 Minuten fertig braten.
❯ Für die Sauce den roten Portwein reduzieren, mit der Kalbsjus auffüllen und die Trüffel dazugeben. Mit Trüffelöl, Salz und Pfeffer abschmecken. Zum Schluss mit Butter aufmontieren.
❯ Den Spitzkohl in feine Streifen schneiden und waschen. Die Kohl- und die Karottenstreifen in Salzwasser kurz blanchieren, so dass sie noch bissfest bleiben, in Eiswasser abschrecken. Die Gemüsestreifen gut trocknen.
❯ Für die Leberravioli aus Kartoffeln, Mehl, Grieß und 1 Eigelb einen Teig herstellen. Mit Salz, Pfeffer und Muskat würzen, gut durchkneten.
❯ Den Teig ausrollen und 24 Scheiben von etwa 8 cm Ø ausstechen. Diese mit Eigelb einstreichen und die Hälfte mit den marinierten Gänsestopfleberscheiben belegen. Die restlichen Teigscheiben auflegen, die Ränder etwas zusammendrücken und die Kreise erneut ausstechen. Die Ravioli blanchieren, gut trocknen und dann in Fett schwimmend ausbacken.
❯ Spitzkohl- und Karottenstreifen in Butter anschwitzen, mit Salz und Pfeffer abschmecken. Die Gemüsestreifen mittig auf den Tellern platzieren, die Crépinettes anlegen, mit der Trüffelsauce nappieren und mit jeweils 3 Leberravioli umlegen.

# Pralinenparfait
## im Biskuitmantel
## auf Zitrusfrüchte-Ragout

### Dessert

Für 4 Personen

FÜR DAS PARFAIT:
1 Ei + 4 Eigelb
75 g Zucker
1 Blatt Gelatine
75 g Kuvertüre, 75 g Nougat
Mark von 1 Vanilleschote
100 ml Cognac
100 ml brauner Rum
100 g Sahne

FÜR DEN BISKUIT:
6 Eigelb, 80 g Zucker
120 g Marzipanrohmasse
6 Eiweiß, 70 g Mehl
etwas Kakaopulver

FÜR DAS FRÜCHTERAGOUT:
je 4 helle Orangen und
Blutorangen
2 Grapefruit
je 2 Zitronen und Limetten
Läuterzucker aus 50 ml
Wasser und 50 g Zucker
etwas Speisestärke
einige Himbeeren und
Minzeblättchen für die Garnitur

❯ Für das Parfait Ei und Eigelbe mit dem Zucker auf einem heißen Wasserbad schaumig schlagen. Danach sofort kaltrühren.
❯ Die Gelatine einweichen. Kuvertüre und Nougat schmelzen, etwas abkühlen lassen und mit dem Vanillemark in die Eimasse rühren. Die Gelatine ausdrücken, auflösen und mit dem Alkohol in die Eismasse rühren. Die Sahne steif schlagen und unterheben.
❯ Die Parfaitmasse zur Rolle geformt in Frischhaltefolie eindrehen und gut durchfrieren lassen.
❯ Für den Biskuit den Backofen auf 180 °C vorheizen. Die Eigelbe mit dem Zucker und dem in Stücke geschnittenen Marzipan schaumig schlagen. Das Eiweiß steif schlagen und mit dem Mehl unter die Schaummasse heben.

❯ Die Hälfte des Teiges mit Kakaopulver dunkelbraun färben. Jede Teigsorte in einen Spritzbeutel mit Lochtülle füllen und auf einem mit Backpapier belegten Backblech abwechselnd in Streifen dressieren. Den Biskuit im heißen Backofen etwa 20 Minuten backen, herausnehmen und auskühlen lassen.
❯ Das gefrorene Parfait aus der Folie wickeln, den ausgekühlten Biskuit darum legen und die Rolle nochmals einfrieren.
❯ Für das Früchteragout alle Zitrusfrüchte filetieren. Den austretenden Saft auffangen, mit dem Läuterzucker aufkochen und reduzieren. Etwas Speisestärke mit wenig Wasser anrühren und die Fruchtsauce damit leicht binden. Die Sauce etwas auskühlen lassen und die Fruchtfilets hinzugeben.
❯ Das Zitrusfrüchteragout auf Dessertteller geben, die Pralinenparfaitrolle in Scheiben schneiden und jeweils 2 Scheiben auflegen. Mit Himbeeren und Minzeblättchen garnieren.

Wie lange er denn nun schon die Küche des *Borchardt* leitet? Alexander Dressel sitzt an einem der Bistrotische des Berliner Café- und Gourmettempels und rechnet. „Ein halbes Jahr? Ein drei viertel Jahr?" Die Zeit saust mitten in Berlin-Mitte – und für einen Chef de Cuisine ohne Souschef rast sie doppelt schnell. Denn das *Borchardt* bedeutet neben mehreren hundert exquisiten Essen am Tag auch die Bewältigung von „Hauptstadtaufgaben" – das Catering für die Einweihungsparty des SPIEGEL-Büros, das Menü für ein Fest im Kanzleramt … Sieben Tage die Woche, 16 Stunden am Tag – „doch in der Größenordnung eines solchen Jobs liegt auch sein Reiz", sagt der gebürtige Berliner Alexander Dressel und sieht dabei mit den schwarzen Haaren und dunkel umschatteten hellblauen Augen aus wie ein sehr müder Cousin des Schauspielers Tobias Moretti. „Mein Leben ist eine Baustelle", beschreibt er die Stimmung des Augenblicks, „ein bisschen chaotisch und unsortiert. Ich bin noch nicht mal in Berlin gemeldet, habe keinen gültigen Reisepass!" Vom *Brückenkeller* in Frankfurt („Frank Buchholz hatte mich überredet auszuhelfen – es wurden zweieinhalb Jahre daraus") kam Dressel wieder in seine Heimatstadt. „Eigentlich nur auf Besuch. Damals war Christian Loisl Interims-Chef im *Borchardt*, wir kochten zwei Wochen zusammen – und dann ging's für mich los."

Seine eigene Linie bezeichnet Alexander Dressel als schnörkellos, produktbezogen und vielfältig. Ein ungezwungenes Ambiente ist dem 29-Jährigen lieber als ein überzüchteter Service, „bei Marco Pierre White in London hast du permanent ein Dutzend Kellner um dich herum und weißt gar nicht, wohin mit dir." Alexander Dressel, der als Koch in Heinz Becks römischem Sterne-Restaurant *La Pergola* „sehr glückliche Zeiten" erlebt hat, favorisiert die italienische und spanische Küche, möchte aber auf die breite Palette internationaler Aromen nicht verzichten. So bietet seine Karte Kaninchenrücken mit sardischen Bolotti und Pesto oder Knurrhahn mit Polenta ebenso wie Thunfisch-Tatar auf marinierten Palmenherzen oder Papageienfisch auf Bambussprossen mit dem Duft von Limonen und Ingwer oder eine Praline vom Hummer und Glattbutt mit grünem Reismantel im Safranfond …

Der Mann, der solche Kunstwerke herstellt, sagt über sich selbst, dass er zwei linke Hände und deshalb dieses Metier gewählt habe. „Schon als Kind half ich lieber der Mutter beim Puddinganrühren als dem Vater im Heimwerkerkeller."
Seinem Berufswunsch Koch stand zunächst jedoch ein ernsthaftes Hindernis im Weg: Er hatte als Junge nur wenig Freude am Essen.

# Mein Leben ist eine Baustelle

Heute dagegen ist Dressel nicht nur professionell, sondern auch persönlich ein Gourmet. Privat kocht der Chef de Cuisine gern für Freunde („Da gibt's nach der Vorspeise schon mal zwei Flaschen Wein – und den Hauptgang serviere ich halt zwei Stunden später"); das Kochen und Essen mit den „Jungen Wilden" empfindet er als „reinen Urlaub. Bei unseren Events können wir ja machen, was wir wollen, müssen uns nach keiner bestimmten Klientel richten. Das ist ungeheuer erfrischend."
Momentan verlangt es Alexander Dressel allerdings eher nach richtigen Ferien – ganz ohne Küche. Irgendwie will er es schaffen, mit der Freundin eine Woche in Rom zu verbringen. Aber: Wer kümmert sich um die Papiere?

PS: Alexander Dressel startete im Januar 1999 im Bochardt. Und hörte, einige Zeit nach dem Interview und nach „absolut aufregenden, sehr wertvollen Erfahrungen" (die das Restaurant unter anderem wieder in die Gourmetführer der Hauptstadt brachten) dort wieder auf. Im Juli 2000 hat er sich mehrere Monate Auszeit genommen. Urlaub? Wohl eher Erziehungsurlaub – ein Baby wird erwartet…

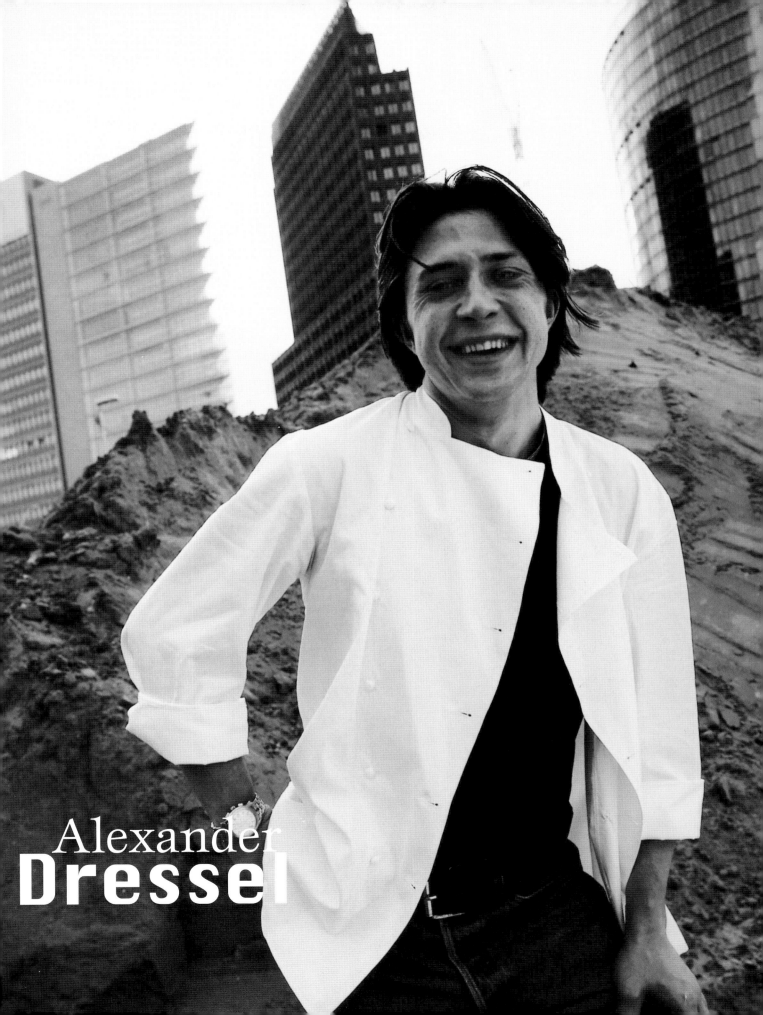

Alexander
**Dressel**

## Mein Menü:

> **Carpaccio vom Rosa Thunfisch an weißem Bohnenpüree**

> **Taubenbrüstchen und gebratene Gänsestopfleber auf Artischocken**

> **Ingwerparfait im Krokantmantel mit Vanilleorangen und süßem Safranschaum**

# Carpaccio vom Rosa Thunfisch
## an weißem Bohnenpüree

### Vorspeise

Für 4 Personen

**FÜR DAS BOHNENPÜREE:**
200 g weiße Bohnenkerne, 1 Tag eingeweicht
400 ml Geflügelfond
2 Schalotten, fein gehackt und ansautiert
30 g Parmaschinken (Endstücke)
40 g Nussbutter, durch ein Tuch passiert
etwas geschlagene Sahne

**FÜR DAS CARPACCIO UND DIE MEERESFRÜCHTE:**
2 Stangen Sellerie, klein geschnitten
2 Karotten, klein geschnitten
2 Schalotten, fein gehackt
800 g Grünschalmuscheln
etwas Olivenöl
etwas Weißwein

280 g Rosa Thunfisch (Sushiqualität),
in feinste Scheiben geschnitten
Salz, Pfeffer aus der Mühle
16 Flusskrebse, gekocht und ausgebrochen
etwas Butter

**FÜR DAS BASILIKUMÖL:**
200 g Basilikumblätter
50 ml Olivenöl
Salz

**FÜR DIE THUNFISCHSAUCE:**
50 g Thunfisch (eingelegt, aus der Dose)
3 EL Sahne
3 EL Mayonnaise
Rotweinessig, Zucker
Salz, Pfeffer aus der Mühle

36

> Für das Bohnenpüree die Bohnenkerne mit Geflügelfond, Schalotten und Parmaschinken ansetzen und weich kochen. Den Schinken herausnehmen, die Bohnen abgießen, pürieren und durch ein feines Sieb streichen.

> Das Gemüse wolfen. Die Muscheln waschen und entbarten; in etwas Olivenöl anschwitzen, mit Weißwein ablöschen und zugedeckt etwa 3 Minuten neben dem Herd ziehen lassen. Die Muscheln ausbrechen.

> Das Basilikum mit etwas Salz und dem Olivenöl pürieren.

> Für die Thunfischsauce den eingelegten Thunfisch pürieren und passieren; mit der Sahne in die Mayonnaise einrühren. Mit Rotweinessig, Zucker, Salz und Pfeffer würzen.

> Das Thunfischcarpaccio auf 4 Teller verteilen und mit Salz und Pfeffer würzen; mit Basilikumöl bestreichen. Das Bohnenpüree erwärmen, abschmecken, etwas Nussbutter und geschlagene Sahne hinzufügen und auf dem Carpaccio mittig 1 Nocke davon aufsetzen. Flusskrebse und Muscheln in etwas Butter erwärmen, würzen und auf den Tellern verteilen. Die Thunfischsauce um das Püree herumziehen.

**Tipp:**

> Dekorieren Sie mit frittierten Auberginenscheiben, Spinatblättern, Zwiebel- und Karottenstreifen.

# Taubenbrüstchen
## und gebratene Gänsestopfleber
## auf Artischocken

### Hauptgang

Für 4 Personen

**FÜR DAS FLEISCH:**
2 Tauben à ca. 500 g
250 g Gänsestopfleber
Öl zum Braten
500 g Ochsenschwanz
3 Karotten, 3 Stangen Sellerie
3 Gemüsezwiebeln, 3 Zweige Rosmarin
1 EL Tomatenmark
1 l Rotwein, 1/2 l Traubensaft
Salz, Pfeffer
Quattre épices
etwas alter Aceto balsamico zum Verzieren

**FÜR DEN KNEPPELTEIG:**
etwa 500 g mehlig kochende Kartoffeln
1 Ei + 1 Eigelb
Salz, Pfeffer, Muskat
etwa 100 g Mehl, etwa 2 EL Butter
etwas gehackte Petersilie

**FÜR DAS ARTISCHOCKENRAGOUT:**
2 große Artischocken, 3 rote Zwiebeln
Olivenöl zum Braten
80 g schwarze Oliven, geviertelt
60 g eingelegte getrocknete Tomaten,
in Streifen geschnitten
Salz, Pfeffer
3 Stängel Basilikum, die Blätter fein geschnitten

> Bei den Tauben mit einem Ausbeinmesser Brust und Keule von der Karkasse lösen. Von der ausgelösten Brust die Haut entfernen, das Fleisch salzen und einvakumieren.
> Von der Leber mit einem kleinen Küchenmesser die Haut abziehen. Die Leber in 4 Scheiben schneiden und, falls vorhanden, die Adern ziehen.
> Den Ochsenschwanz in einem Schmortopf anrösten. Dann das grob gewürfelte Gemüse und den Rosmarin mitrösten. Tomatenmark zugeben. Das Ragout abwechselnd mit Rotwein und Traubensaft ablöschen und einkochen lassen.
> Das Ragout in einen Topf umfüllen, mit kaltem Wasser gerade eben bedecken, zum Köcheln bringen und das Fleisch weich kochen. Das Fleisch noch warm vom Knochen lösen und erkalten lassen. Den Fond durch ein Tuch passieren und reduzieren, mit Salz und Pfeffer abschmecken.
> Die Kartoffeln kochen, pellen und durch eine Kartoffelpresse drücken. Ei und Eigelb verschlagen, mit Salz, Pfeffer und Muskat würzen und unter die Kartoffelmasse heben. Mehl und Butter hinzufügen und mit der Hand zu einem glatten Teig verarbeiten. Den Teig etwa 5 mm dünn ausrollen, in 2 Hälften schneiden.
> Das Ochsenschwanzfleisch klein schneiden und würzen. Mit einem Löffel kleine Portionen auf eine Hälfte des Kartoffelteiges geben, die andere Teighälfte darüberlegen und leicht andrücken. In Maultaschengröße ausschneiden und die Ränder mit den Zinken einer Gabel ringsherum schließen.
> Für das Artischockenragout geputzte Artischocken und Zwiebeln in kleine Dreiecke schneiden. Das Olivenöl erhitzen, die Artischocken darin schwenken, die Zwiebeln hinzugeben und glasig schwitzen, Oliven und Tomaten hinzufügen, mit Salz und Pfeffer würzen.
> Die vakumierte Taubenbrust in etwa 80 °C heißem Wasser etwa 5 Minuten garen. Die Keule würzen, in einer heißen Pfanne anbraten und fertig garen. Die Stopfleber mit Quattre épices würzen und bei niedriger Temperatur behutsam braten.
> Butter erwärmen und Stopfleber vorsichtig darin schwenken; mit Salz und Pfeffer nachwürzen und Petersilie dazugeben.
> Unter das Artischockenragout das Basilikum mischen und in der Mitte der Teller anrichten. Die Taubenbrust auftranchieren und ebenso wie die Keule an das Ragout anlegen. Die Kneppel auf einem Tuch entfetten und neben dem Fleisch anrichten, ebenso die Gänsestopfleber. Mit Ochsenschwanzglace nappieren und mit etwas Aceto balsamico verzieren.

# Ingwerparfait im Krokantmantel
## mit Vanilleorangen
### und süßem Safranschaum

## Dessert

Für 4 Personen

FÜR DAS INGWERPARFAIT:
100 g Zucker, 4 Eigelb
300 g Sahne
20 g kandierter Ingwer
50 ml Ingwerlikör
2 – 3 EL geschmolzene Kuvertüre
für die Garnitur

FÜR DIE VANILLEORANGEN:
6 kernlose Orangen
100 g Zucker, 1/2 l Orangensaft
3 Vanilleschoten
2 TL Vanillepuddingpulver

FÜR DEN SAFRANSCHAUM:
150 g Sahne, 1 g Safranfäden
2 EL Zucker, 100 g Crème double
einige Feigenspalten für die Garnitur

FÜR DEN KROKANTMANTEL:
200 g Zucker, gut 2 EL Traubenzucker
80 g Mandelblättchen

## Tipp:
> Sie können den Krokant
auch nach dem Ausrollen
abkühlen lassen, in Stücke
brechen und das Parfait damit verzieren.

> Für das Ingwerparfait den Zucker mit 4 Esslöffeln Wasser
bis auf 117 °C (Zuckerthermometer) erhitzen. Den Zuckersirup auf die Eigelbe gießen und schlagen, bis die Masse vollständig abgekühlt ist.
> Die geschlagene Sahne vorsichtig unterziehen. Den Ingwer
in kleine Würfel schneiden und zusammen mit dem Likör unterheben. Parfaitmasse in kleine Eisbombenformen füllen und
12 Stunden ins Eisfach stellen.
> Orangen schälen und filetieren. Zucker bei mittlerer Tempe-
ratur flüssig werden lassen, dann unter Rühren zu einem hellen Karamell kochen. Sofort mit 1/4 l Orangensaft ablöschen.
> Mark der Vanilleschoten und die Schoten zum Orangenkara-
mell geben und diesen auf die Hälfte einkochen. Den restlichen Saft zufügen, aufkochen lassen und mit dem angerühr-
ten Puddingpulver abbinden. Den Fond vom Herd nehmen und
die Orangenfilets zugeben.
> Für den Safranschaum die Sahne mit Safran und Zucker
auf die Hälfte einkochen, abkühlen lassen. Die Crème double
zufügen und das Ganze mit dem Mixer aufschlagen.
> Für den Krokantmantel den Zucker mit etwas Wasser zum
Kochen bringen. Traubenzucker zufügen und unter Rühren
kochen, bis ein hellbrauner Karamell entstanden ist. Mandelblättchen zufügen und den Krokant auf Backpapier geben,
abkühlen lassen und mit einem gut gefetteten Rollholz ausrollen. Noch warm in etwa 5 cm breite Streifen schneiden,
um eine Eisbombenform legen und erkalten lassen.
> Die Orangenfilets in der Mitte des Tellers anrichten, das
Parfait obenauf geben. Den Krokantring über das Parfait stül-
pen, den Safranschaum herumziehen. Die Feigenspalten anlegen und das Parfait mit temperierter Kuvertüre verzieren.

# Der ferne Osten, ganz nah

Und die asiatische Küche? Mit dieser Frage kann er nichts anfangen. „Die gibt es so gar nicht, dafür ist dieser Kontinent doch viel zu groß. Ein Nordchinese isst ganz anders als etwa ein Malaysier." Die Gemeinsamkeit bestehe höchstens darin, „dass Essen dort als zentraler Bestandteil des Lebens gilt. Die Küche ist der wichtigste Raum im Haus – und die Menschen essen, wenn sie Hunger haben, nicht, wenn die ‚richtige' Zeit dafür ist."

Dem eigenen Appetit folgen, auf den persönlichen Geschmack hören – das ist auch in Wiesbaden „Eis-ernes" Prinzip. „Ich mache am liebsten das, was mir und dem Team schmeckt: europäische Haute Cuisine mit mediterranen und asiatischen Akzenten." Dass verschiedene Variationen von der Ente in der ENTE nicht fehlen dürfen, versteht sich von selbst, daneben bietet Eis seine fast schon legendäre scharfe Zitronengrassuppe mit Meeresfrüchten und Koriander-Aioli an, Rochen mit geschmorten Pak Choy im Soja-Sud oder „Kalbsrücken asiatisch" – mit glaciertem Bries.

Auf der Hitliste seiner Lieblingsspeisen steht: „Alles, was zur Saison oder entsprechenden Atmosphäre passt, Mutters Küche – und jede Menge asiatischer Spezialitäten." Gerichte wie das thailändische Nudelcurry Khoo Soy gehören für Gerd Eis nicht in die Abteilung „Exotik", sondern zum Alltag:
Bevor der 31-Jährige seinen Job als Chef de Cuisine im Wiesbadener Sterne-Restaurant ENTE antrat, lebte und arbeitete Eis sechs Jahre in Asien. Inspiriert von seinem früheren Lehrmeister Johann Lafer ging er zuerst nach Phuket, später nach Bangkok und für ein Jahr ins Regent, Hongkong. „Diese Zeit war für mich privat entscheidend und in allen anderen Bereichen ungeheuer beeinflussend."

In Thailand hat er die Mutter seines kleinen Sohnes kennen gelernt. Und er hat eine Mentalität kennen gelernt, die sein Denken und Arbeiten bis heute prägt. Dazu zählt die Abneigung gegen Klischees. Die Haute-Cuisine-Standards? Existieren nicht universell.
Seine kulinarische Relativitätstheorie erläutert Gerd Eis mit einem Beispiel: „Wenn ich in Wiesbaden einen frischen Steinbutt ins Restaurant bekomme, dann wurde der aus Paris geliefert, ist also in der Regel zwei, drei Tage alt – hier schon eine Supersache. Meine früheren Kollegen in Hongkong würden einen toten Fisch nicht mal mehr dämpfen, höchstens noch braten. Fisch wird lebendig zu ihnen ins Haus gebracht – das ist wirklich frisch!"

Nicht nur was, auch wie gekocht wird, unterliegt anderen Regeln. „Autorität darf in Asien nicht aggressiv eingesetzt werden. Damit man Erfolg hat, muss alles mit sehr viel Sensibilität und Einfühlungsvermögen angegangen werden", erklärt Eis ein ungeschriebenes Gesetz, das seinem Naturell entgegenkommt. „Ich bin eher ein ruhiger Typ, erwarte, dass man mit mir so redet wie ich mit den anderen. Wer in der Küche rumschreit, kann nicht verlangen, höflich angesprochen zu werden."
Sein Wiesbadener Team verfügt offenbar auch über fernöstliche Qualitäten: Gerade die Atmosphäre in der ENTE, eine neugierig-aufgeschlossene Aufbruchstimmung nach den Ären Wodarz und Langendorf, habe ihm den Wiedereinstieg in Deutschland sehr leicht gemacht.

Als Anerkennung des reibungslos funktionierenden Teamworks kann auch ein Signal vom November 99 gelten: Da wurde der Michelin-Stern der ENTE bestätigt. Damit funkelt das kulinarische Gestirn hier bereits seit zwanzig Jahren – für ein deutsches Hotel-Restaurant geradezu exotisch.

Gerd
Eis

**Mein Menü:**

❯ **Scharfes Zitronengrassüppchen mit Garnele und Koriander-Aioli**

❯ **Leckereien vom Zicklein**

❯ **Piña-Colada-Eisparfait mit glasierter Banane**

# Piña-Colada-
## Eisparfait
### mit glasierter
# Banane

**Dessert**

Für 4 Personen

FÜR DAS PINA-COLADA-EISPARFAIT:
250 g Ananassaft
3 mittelgroße Eigelb
50 g Zucker
50 ml Sekt
50 g Kokosmark
75 ml weißer Rum
250 g Sahne

FÜR DIE GLASIERTE BANANE:
2 Babybananen
50 g Zucker
50 ml weißer Rum

**Tipp:**
❯ Wenn Sie keine kleinen Eisbombenformen haben, können Sie das Parfait auch in einer Terrinenform gefrieren lassen und in Scheiben von 2 cm Dicke geschnitten servieren.

❯ Für das Eisparfait den Ananassaft in einem Topf auf etwa 100 ml reduzieren; abkühlen lassen. Eigelbe, Zucker und Sekt auf einem heißen Wasserbad aufschlagen.
❯ Diese Masse dann kaltschlagen, abgekühlten, reduzierten Ananassaft, das Kokosmark und den Rum dazugießen und alles verrühren.
❯ Die Sahne schlagen und locker unterheben. Die Parfait-masse in 4 kleine Eisbombenformen füllen und in mindestens 3–4 Stunden im Tiefkühlfach gefrieren lassen.

❯ Für die glasierte Banane die Babybananen schälen und längs halbieren. Den Zucker in einer Pfanne schmelzen und die Bananenhälften darin von beiden Seiten leicht bräunen; mit dem Rum ablöschen.
❯ Zum Anrichten je 1 Bananenhälfte auf die Teller geben. Den Bananen-Bratfond noch ein wenig reduzieren. Die Eisbomben-förmchen mit dem Parfait aus dem Tiefkühlfach nehmen und auf die Dessertteller stürzen. Den reduzierten Bananenfond dekorativ über die Teller verteilen.

## Hauptgang

Für 4 Personen

**FÜR DAS GEBACKENE ZICKLEINRAGOUT:**
1 Zickleinschulter à ca. 450 g, entbeint und pariert
Salz, Pfeffer aus der Mühle
Butterschmalz zum Braten und Ausbacken
180 g Gemüsewürfel von Karotte, Sellerie, Lauch
1 Schalotte, fein gewürfelt
30 g Tomatenmark
je 200 ml Rotwein und Geflügelfond
je 1 Zweig Thymian und Rosmarin
4 EL alter Aceto balsamico
etwas Mehl, verschlagenes Ei und
Paniermehl zum Wenden

**FÜR DIE GEFÜLLTE ZICKLEINKEULE:**
1 Zickleinkeule à ca. 700 g, entbeint und pariert
1 Bund Rucola, frittiert und gehackt
1 Ei
Salz, Pfeffer, geriebene Muskatnuss
Butter zum Bestreichen, etwas Aceto balsamico
einige geröstete Pinienkerne
einige schwarze Oliven, in Scheiben geschnitten

**FÜR DEN PIMIENTO-COUSCOUS:**
200 ml Geflügelfond, etwa 60 ml Olivenöl
100 g Couscous
6 rote Mini-Paprikaschoten + 1 gelbe Paprikaschote
1 Prise Zucker
1/4 Knoblauchzehe, fein gehackt
Saft von 1/2 Zitrone

**FÜR DAS GRATINIERTE ZICKLEINKOTELETT:**
500 g Zickleinrücken mit Knochen
30 g Butter, 50 g Mie de Pain
abgeriebene Schale von 1 unbehandelten Zitrone
einige Thymianblättchen, fein gehackt

# Leckereien vom
# Zicklein

> Die Zickleinschulter in 1 cm große Würfel schneiden, salzen, pfeffern und in Butterschmalz kräftig anbraten. Den Backofen auf 180 °C vorheizen. Gemüsewürfel und Schalotte mitbraten. Das Tomatenmark kurz mitrösten; mit dem Rotwein zwei- bis dreimal ablöschen und die Flüssigkeit wieder einkochen lassen. Mit Fond auffüllen, Kräuter zugeben und das Ragout im Ofen etwa 30 Minuten schmoren.

> Das Ragout aus dem Ofen nehmen und mit dem Aceto balsamico abschmecken. In eine Form von 3 cm Höhe füllen, abkühlen und im Kühlschrank in 2–3 Stunden erkalten lassen. Das Ragout aus der Form stürzen, in Rauten von 3–4 cm Länge schneiden, diese in Mehl, Ei und Paniermehl wenden und in Butterschmalz goldbraun ausbacken.

> Die Zickleinkeule zerteilen. Das größte Stück, die Oberschale, in der Mitte einschneiden, auseinander klappen, etwa 1 cm dünn platieren, salzen und pfeffern. Die restlichen Teile durch die feine Scheibe des Fleischwolfs drehen, Rucola und Ei untermischen, mit Salz, Pfeffer, Muskat würzen; auf das Keulenfleisch streichen. Das Fleisch zur Roulade aufrollen und auch nochmals von außen würzen; in gebutterte Alufolie einrollen.

> Aus den Knochen und Parüren des Zickleins eine Sauce herstellen und die Roulade darin 12–15 Minuten unter dem Siedepunkt gar ziehen lassen. Herausnehmen und warm stellen. Die Sauce mit Aceto balsamico abschmecken und mit Pinienkernen und Olivenscheiben vollenden.

> Für den Pimiento-Couscous den Geflügelfond aufkochen und mit 3 Esslöffeln Olivenöl über den Couscous gießen. Den Couscous zugedeckt etwa 20 Minuten quellen lassen.

> Für das gratinierte Zickleinkotelett das Fleisch von Haut und Sehnen befreien und die Kotelettknochen sauber putzen. Das Fleisch salzen und pfeffern und in Butterschmalz anbraten.

> Den Backofengrill vorheizen. Die Butter schaumig schlagen, mit Mie de Pain, Zitronenschale und Thymian vermischen und würzen. Auf das Fleisch streichen und dieses unter dem Grill goldbraun gratinieren; warm stellen.

> Den Backofen auf 180 °C Ober- und Unterhitze einstellen. 2 Mini-Paprika halbieren, putzen, mit Salz, Pfeffer und 1 Prise Zucker würzen. Die Hälften auf ein Blech legen, mit etwas Olivenöl beträufeln und im Backofen 5–8 Minuten garen. Die gelbe Paprika und die restlichen Mini-Paprikas in feine Würfel schneiden und mit dem Knoblauch in Olivenöl anschwitzen; mit dem Zitronensaft unter den Couscous mischen und abschmecken. Mit dem Fleisch und 1 Paprikahälfte anrichten.

# Scharfes
# Zitronengrassüppchen
## mit Garnele
und Koriander-Aioli

**Vorspeise**

Für 4 Personen

FÜR DIE KORIANDER-AIOLI:
1/4 l Traubenkernöl
3 EL Weißweinessig
3 Eigelb
2 Eier, gekocht und gehackt
1 Knoblauchzehe, zerdrückt
1 Bund gehackter Koriander
50 ml Geflügelfond
Saft von 1/2 Zitrone

FÜR DIE SUPPE:
1 kleines Bund Zitronengras
Öl zum Braten
1 1/2 Ingwerwurzeln,
geschält
2 rote Chilischoten
800 ml Fisch- oder
Geflügelbrühe
4 EL Fischsauce
4 EL Limettensaft
60 ml Kokosmilch
2 EL brauner Zucker
Salz
4 Champignonköpfe
2 Knoblauchzehen, in dünne
Scheiben geschnitten
2 EL gehackter Koriander
4 Garnelen mit Schale (ohne Kopf)

> Aus Öl, Essig und Eigelben eine Mayonnaise rühren. Die gehackten Eier, Knoblauch und Koriander unterrühren. Den Geflügelfond dazugeben und die Aioli mit dem Zitronensaft abschmecken.
> Für die Suppe die Zitronengrasstängel in kleine Stücke schneiden und in etwas Öl anschwitzen. Dann 1 grob zerkleinerte Ingwerwurzel sowie 1 entkernte und halbierte Chilischote zugeben. Mit der Brühe ablöschen, einmal aufkochen lassen und etwa 30 Minuten ziehen lassen.
> Die Suppe durch ein feines Sieb passieren, Fischsauce, Limettensaft, Kokosmilch und braunen Zucker zugeben und die Suppe mit Salz abschmecken.
> Die Champignonköpfe in Scheiben schneiden, übrige Ingwerwurzel und Chilischote in feine Streifen schneiden. Alles mit den restlichen Zutaten in die Suppe geben, um sie damit noch etwas zu aromatisieren. Die Garnelen in der Schale anbraten.
> Zum Anrichten die Suppe in Tassen füllen, jeweils 1 Garnele als Einlage in die Suppe geben, die Aioli extra reichen.

Was macht ein Spitzenkoch in einem Spitzenhotel mit schweren Säcken feinster Erde? Er schleppt die unbequeme Fracht hinter dem Rücken der hauseigenen Security in den Aufzug, befördert sie aufs Dach des *Arabella Sheraton Grand Hotel* Frankfurt und legt dort einen Kräutergarten an – mit Blick auf die Wolkenkratzer „Mainhattans" und hart am Rand der Legalität. „Wenn ich alle zuständigen Stellen um Erlaubnis gebeten hätte", sagt Christian Exenberger lächelnd, „wüchse da bis heute kein einziges Sträußchen Petersilie."

„Cuisine spontanée" nennt der Freund der schnellen Entscheidungen seinen Stil: eine Küche, die ebenso auf klassischen Rezepten

29 Jahren. „Da hieß es: durchboxen." Wie so oft kam zur internen Schlacht am Herd der schwierige Kampf ums Publikum dazu: „In Deutschland akzeptieren die Leute nicht sehr viel." Kann er Beispiele nennen? Exenberger nickt und legt los – eloquent führt er wieder durchs Reich seiner Kostbarkeiten: „Nehmen Sie Blutgeflügel, wo der Blutgeschmack wirklich dominiert, oder Innereien wie Bries, Hirn, Niere, Knochenmark – da traut sich doch niemand 'ran! Statt einer Kalbszunge wird lieber Kalbsfilet bestellt, obwohl das einen viel bescheideneren Eigengeschmack hat. Und warum sollte man nicht Krustentiere mit Fleisch kombinieren, sie sind sich schließlich sehr nah!" Der Koch, der als Gast die italienische Küche liebt, „südliches Flair und alles, was mit Olivenöl zu tun

# Der Himmel voller Kräuter

wie auf individuellen Inspirationen basiert. „Wir können zwischen allen Produkten und Geschmäckern der Welt wählen", sagt der 1968 im österreichischen Wörgl Geborene. „Wir haben heute so viele Freiheiten – warum sollen wir sie uns dann nicht nehmen?"

Also serviert er italienische Antipasti, ein asiatisches Zwischengericht, den Hauptgang französisch und ein Dessert aus seinem Heimatland. Immer mit dem Ziel: „Die Leute sollen aufstehen und sagen: Das war's wert gewesen."

„Es wert sein", „wertvoll", „Luxus" – der sonst eher wortkarge Tiroler wählt das Vokabular des Reichtums, wenn er seine Laufbahn und damit die Entwicklung seiner Leidenschaft beschreibt: Der Auszubildende Christian, damals eher aus Mangel an Alternativen als aus wirklichem Interesse in der Küche gelandet, lernte im Seefelder *Gartenhotel Tümmlerhof* unverhofft internationale Top-Küche kennen. „Da begriff ich, dass es beim Kochen nicht nur um Ernährung geht. Und dass es durch die Arbeit mit Luxusprodukten ein sehr wertvoller Beruf sein kann." Exenbergers Ehrgeiz war geweckt. „Ich hatte Lust, etwas zu erreichen. Anerkannt zu werden, auch als Koch."

Die bisher größte Anerkennung war sicher der Ruf nach Frankfurt. Nachdem er bei Top-Adressen in Österreich, Liechtenstein, Ravensburg, Stuttgart, Hannover und Bad Friedrichshall gekocht hatte, trat er 1997 im *Restaurant Premiere* an – mit

hat", verzweifelt regelmäßig an der Frage: Kann man das nicht mit weniger Fett machen? „Natürlich – aber dann verliere ich einen wichtigen Geschmacksträger!"

Seit letztem Jahr gehört Exenberger zu den „Jungen Wilden", und er liebt die kleinen Fluchten, die der Freundeskreis bietet. „Eine Woche Team-Kochen auf Djerba: total anstrengend – und total toll!" Seiner Zunft wünscht er „mehr Visionäre. Eckart Witzigmann hatte 18 Köche für 60 Gäste – der hat sich damals in den Ruin gekocht, um etwas wirklich Großes zu leisten!" Immer stärkerer Druck, immer beschränkterer Spielraum: Christian Exenberger hat die Konsequenzen daraus gezogen und die Grandhotel-Küche in der Metropole mit einer kleineren auf dem Lande vertauscht.

Seit Januar 2000 ist er Betriebsleiter und Küchenchef im *Hotel Schreieggs Post*, einem ehemaligen, behutsam restaurierten Brauereihaus bei Thannhausen in der Nähe von Augsburg. 40 Gäste im Gourmetrestaurant und 30 in der Wirtsstube können zwischen zwei Menüs und drei, vier Gerichten à la carte wählen. Freundin Kerstin leitet den Service, die schwarzen Katzen des Paares streunen endlich wieder draußen umher – und die Kräuter wachsen nicht auf, sondern hinterm Haus.

# Christian
## Exenberger

CHRISTIAN
Exenberger

**Mein Menü:**

❯ **Carpaccio vom Kalbsfilet und Langustinos
  mit Kapern**

❯ **Ragout von Hummer und Schnecken
  auf Knoblauchpüree mit Olivenjus**

❯ **Gebrannte Kokoscreme mit Schokoladensorbet
  und Früchtechips**

Ragout von **Hummer** und Schnecken
auf Knoblauchpüree
mit Olivenjus

## Hauptgang

Für 4 Personen

FÜR DAS RAGOUT VON HUMMER UND SCHNECKEN:
1 vorblanchierter und ausgebrochener Hummer
6 gekochte Schnecken
1 TL gehackte Schalotten
3–4 Blätter Salbei
etwas fein geschnittener Knoblauch
1 kleiner Zweig Petersilie
etwas Salz
einige rosa Pfefferkörner
Butter zum Anschwenken

FÜR DAS KNOBLAUCHPÜREE:
100 g Knoblauch, etwas Milch
100 g passierte Kartoffeln
80 g Butter
Salz, geriebene Muskatnuss

FÜR DIE OLIVENJUS:
100 g starke Kalbsglace
1 EL schwarze Olivenpaste
Salz

> Das Hummerfleisch in große Stücke schneiden und mit den Schnecken und den übrigen Ragout-Zutaten in schäumender, leicht gebräunter Butter anschwenken.
> Für das Knoblauchpüree den Knoblauch schälen, in Stücke schneiden und in wenig Milch weich kochen. Die Knoblauchmilch durch ein Passiersieb streichen und mit den Kartoffeln und der Butter zu einem Püree vermischen, mit Salz und Muskat abschmecken.
> Für die Olivenjus die Kalbsglace erwärmen und mit der Olivenpaste vermengen. Eventuell noch mit etwas Salz abschmecken.
> Das Knoblauchpüree auf dem Teller mittig anrichten, um das Püree das Ragout geben, mit der Olivenjus umgießen.

**Tipp:**
> Sehr schön sieht es aus, wenn Sie das Knoblauchpüree in einem Zucchiniring servieren. Dazu einen Aluring mit ganz kurz blanchierten bzw. in etwas Butter gedünsteten dünnen Zucchinischeiben auslegen: Die Scheiben dicht an dicht, sich gegenseitig gut überlappend an den Rand des Rings drücken. Das Püree einfüllen und den Ring vorsichtig abziehen.

# Carpaccio vom Kalbsfilet
## und Langustinos mit Kapern

**Vorspeise**

Für 4 Personen

FÜR DAS GEWÜRZÖL:
4 EL Olivenöl
1 Frühlingszwiebel, fein gewürfelt
1 getrocknete Tomate, in kleine
Stücke geschnitten
2 Knoblauchzehen, in feine
Scheiben geschnitten
4 schwarze Oliven, längs in
Achtel geschnitten

FÜR DAS CARPACCIO:
1 pariertes Kalbsfilet
Salz, Pfeffer aus der Mühle

FÜR DIE LANGUSTINOS:
8 frische Langustinos
1 Frühlingszwiebel
4 TL Cunzati-Kapern
Salz, Olivenöl
4–6 TL Kaviar

> Für das Gewürzöl das Olivenöl mit Frühlingszwiebel, Tomate und Knoblauch vermischen. Ziehen lassen, bis die anderen Zutaten vorbereitet sind.
> Die Langustinos aufbrechen, zwischen 2 Stücke Frischhaltefolie legen und leicht platieren. Mit der Frühlingszwiebel und den Kapern, Salz und etwas Olivenöl marinieren.
> Für das Carpaccio das Kalbsfilet mit Salz und Pfeffer gut würzen und erst in Frischhaltefolie, dann in Alufolie einwickeln. An den Enden stramm ziehen, zudrehen und für mindestens 5 Stunden in das Gefrierfach legen. Das gefrorene Filet auswickeln und mit einer Aufschnittmaschine in sehr dünne Scheiben schneiden. Auf Tellern anrichten.
> Die Langustinos aus der Marinade nehmen, die Würzzutaten abstreifen. Mit Hilfe eines kleinen Ausstechrings je 2 Langustinos in der Mitte mit dem Carpaccio anrichten. Obenauf 1 Teelöffel Kaviar geben. Um die Langustinos kreisförmig die Kapern anlegen.
> Die Carpaccioscheiben mit dem Gewürzöl bestreichen. Rundum das restliche Gewürzöl mit den Würzzutaten geben. Mit den Olivenachteln dekorieren.

# Gebrannte Kokoscreme
## mit Schokoladensorbet
### und Früchtechips

**Dessert**

Für 4 Personen

FÜR DIE FRÜCHTECHIPS:
etwa 500 g gewaschene Früchte nach
Wahl (z. B. Kiwi, Limette, Banane, Apfel,
Birne, Aprikose, Mango)
200 g Zucker
Puderzucker zum Bestäuben

FÜR DAS SCHOKOLADENSORBET:
2 Sternanis
1 kleines Stück Zimtstange
3 Gewürznelken
6 – 7 Vanilleschoten
300 g Zucker
300 g Glucose
250 g weiße Kuvertüre
etwas weiße Crème de Cacao

FÜR DIE KOKOSCREME:
125 g Sahne
90 g Zucker
375 g Kokosmark
3 große Eiweiß
Batida de Coco
4 EL brauner Zucker
Kakaopulver

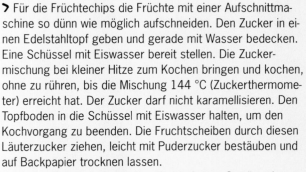

> Für die Früchtechips die Früchte mit einer Aufschnittmaschine so dünn wie möglich aufschneiden. Den Zucker in einen Edelstahltopf geben und gerade mit Wasser bedecken. Eine Schüssel mit Eiswasser bereit stellen. Die Zuckermischung bei kleiner Hitze zum Kochen bringen und kochen, ohne zu rühren, bis die Mischung 144 °C (Zuckerthermometer) erreicht hat. Der Zucker darf nicht karamellisieren. Den Topfboden in die Schüssel mit Eiswasser halten, um den Kochvorgang zu beenden. Die Fruchtscheiben durch diesen Läuterzucker ziehen, leicht mit Puderzucker bestäuben und auf Backpapier trocknen lassen.

> Für das Schokoladensorbet die trockenen Gewürze im Mörser zerstoßen, die Vanilleschoten aufschlitzen, das Mark herauskratzen. Alles zusammen mit den übrigen Zutaten in 1 l Wasser erwärmen, abgedeckt 30 Minuten ziehen lassen. Die Gewürze abpassieren, dann die Eismasse 2 – 3 Minuten im Mixer emulsionieren. Sofort in die Eismaschine oder Sorbetière einfüllen und gefrieren lassen.

> Für die Kokoscreme die Sahne mit dem Zucker unter Erwärmen auflösen. Kokosmark und Eiweiße einrühren und zur Rose abziehen. Die Masse durch ein feines Sieb passieren, mit Batida de Coco abschmecken, in Förmchen füllen und bei 85 °C 80 Minuten pochieren. Anschließend mit Zucker bestreuen und mit einer Lötlampe karamellisieren.

> Die Creme mit etwas Kakao bestäuben, jeweils 1 Kugel Sorbet daraufsetzen, mit Früchtechips dekorativ garnieren.

**Tipp:**
> Glucose, mit der das Sorbet fein cremig wird, bekommen Sie bei Ihrem Konditor.

Ursprünglich wollte der Gastronomensohn Betriebswirtschaft studieren, um anschließend eine Hotelkarriere zu starten. Doch dann konstatierte Björn Freitag bei sich „ein Problem mit Fremdsprachen" – möglicherweise etwas hinderlich bei der Arbeit mit Menschen aus aller Welt. Also entschied er sich für das Esperanto der internationalen Top-Küche.

Mit 26 Jahren ist der gebürtige Dorstener nicht nur der „Jüngste Wilde" (und damit natürlich „unser Benjamin" in der Internet-Selbstdarstellung), sondern auch ein sehr junger Chef de Cuisine. Seit bald drei Jahren leitet er den *Goldenen Anker* in seiner Heimatstadt – ein Frühstart mit traurigem Hintergrund: Als sein Vater starb, wechselte Björn, der zuvor unter anderem als Saucier in der *Ente vom Lehel* gearbeitet hatte, von seinem Gemüseposten im Frankfurter *Brückenkeller* in das Restaurant der Familie.

# Von Grund auf lecker

Seitdem kommen Abend für Abend „die Leute zu mir nach Hause", wie Freitag die Atmosphäre in seinem 40-Plätze-Restaurant beschreibt. Für den bekennenden Nachtmenschen, der an seinem Job vor allem den Umgang mit „vielen interessanten Leuten, die ich sonst vermutlich nicht kennen lernen würde" liebt, ist es „das Größte, wenn sich die Gäste so fühlen und benehmen, als ob sie bei mir im Wohnzimmer säßen".

Wie jeder souveräne Gastgeber (und, nebenbei bemerkt, fast jeder „Junge Wilde") bezeichnet auch Björn Freitag seine Küche als „unkompliziert" – und erklärt in der schönen Diktion seiner Heimatgegend, was er mit diesem Understatement meint: „Ich möchte Dinge, die von Grund auf lecker sind, bereichern." Deftige Klassiker immer weiter zu verfeinern, ist seine Leidenschaft: Da wird eine Roulade serviert – von Hummer und Perlhuhn, und der dazugehörige Kartoffelsalat ist mit Trüffelöl angemacht. Da gibt es selbstverständlich Sauerbraten – aber das Fleisch stammt vom Charolaisrind, und die Riesen-Rosinen vom türkischen Feinkosthändler werden zuvor noch mal extra in Portwein eingelegt.

Ganz behutsam hat Freitag – zu dessen persönlichen Top Five Kalbstafelspitz, Hummer und Heinz-Tomatenketchup zählen – seine Gäste in die Welt neuer Aromen, in die Geschmacksnuancen der geliebten Trüffel-, Kürbiskern- und Zitronenöle eingeführt. „In Dorsten dominieren konservative Strukturen", sagt er „da möchte ich die Leute nicht vor den Kopf stoßen."

Diese delikate Diplomatie hat inzwischen ein großes Publikum gefunden: Seit einiger Zeit ist der *Anker*-Chef in der tm3-Show „Echt scharf" zu sehen. Aus der Doppelbelastung als Gourmet- und TV-Koch möchte er doppelten Nutzen ziehen: „Spaß im Restaurant – und Spaß im Studio haben!"
„Turbulent wie nie" bezeichnet er sein Leben speziell an seinen „Medientagen", an denen er nach vier Aufzeichnungen von Köln zurück an den Dorstener Herd rast. Was ihn nicht daran hindert, nachts noch eine dritte Schicht einzulegen. Sei es beruflich – „wenn ich frische Ware sehen will, fahre ich nach dem Kochen noch zum Essener Großmarkt, der hat bis ein Uhr morgens geöffnet" – oder privat: Weil der junge Cuisinier keine Lust hat, sich gleich nach dem Job schlafen zu legen, geht er meist noch aus. Unter der Woche am liebsten in die Kneipen Düsseldorfs und am Wochenende in die Clubs: Samstags geht Freitag tanzen.

Björn
Freitag

**Mein Menü:**

> **Roulade von Huhn und Hummer
auf Kartoffel–Gurken–Salat**

> **Kalbstafelspitz in Barolo geschmort
an dreierlei Pürees**

> **Geeiste Zwetschgensuppe mit warmem Strudel
und Rahmeis**

# Roulade von Huhn und Hummer
## auf Kartoffel-Gurken-Salat

**Vorspeise**

Für 4 Personen

FÜR DEN KARTOFFEL-GURKEN-SALAT:
10 fest kochende Kartoffeln
200 ml Fleischbrühe
50 ml Essig
1 Schlangengurke, geschält, längs halbiert und ohne
Kerne in Scheiben geschnitten
2 rote Zwiebeln, fein geschnitten
1–2 Lauchzwiebeln, in feine Ringe geschnitten
Salz, Pfeffer
2 EL Crème fraîche
3 EL Pflanzenöl
1 EL Trüffelöl

FÜR DIE ROULADEN:
2 Perlhuhnbrüste, wie ein Schmetterlingssteak
aufgeschnitten
100 g Sahne
2 EL Bratenjus
Salz, Pfeffer
100 g gebratene Pfifferlinge
etwas Schnittlauch, in Röllchen geschnitten
1 TL Kümmelsamen
1 Bund Dill
Salz
1 lebendfrischer kanadischer Hummer

> Die Kartoffeln in der Schale garen, pellen und in Scheiben schneiden; mit der Brühe und dem Essig vermengen. Gurkenscheiben, Zwiebeln, Lauchzwiebeln, Salz, Pfeffer und die Crème fraîche unter die Kartoffeln mischen; abschmecken. Den Salat mit den beiden Ölen binden.

> Für die Rouladen die Perlhuhnbrüste aufklappen und platieren. Etwas Filet abschneiden und mit der Sahne und der Jus im Mixer zu einer Farce mixen; mit Salz und Pfeffer abschmecken.

> Pfifferlinge und Schnittlauch untermischen. Die Brüste leicht salzen und pfeffern, die Oberseite dünn mit der Farce bestreichen.

> Reichlich Wasser mit Kümmelsamen, Dill und etwas Salz aufkochen. Den lebenden Hummer mit dem Kopf voraus hineingeben und darin 5 Minuten sieden lassen.

> Den Hummer in Eiswasser abschrecken und das Fleisch komplett ausbrechen.

> Den Hummerschwanz halbieren und auf die beiden Brüste verteilen. Diese aufrollen und in Frischhaltefolie, dann nochmals in Alufolie einschlagen; in 70 °C heißem Wasser etwa 14 Minuten pochieren.

> Die gegarten Rouladen auspacken und in 3 cm dicke Scheiben schneiden. Die Scheiben lauwarm auf dem Salat anrichten.

**Tipp:**
> Als Dekoration eignen sich auch einige Blättchen Friséesalat, Tomatenstückchen, Kräuter und grob zerstoßener Pfeffer.

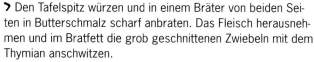

# Kalbstafelspitz
## in Barolo geschmort
## an dreierlei Pürees

**Hauptgang**

Für 4 Personen

FÜR DEN TAFELSPITZ:
1,2 kg Kalbstafelspitz
Salz, Pfeffer
Butterschmalz zum Braten
10 rote Zwiebeln
einige Zweige Thymian
1 1/2 l Barolo
1/2 l roter Portwein
1/2 l Bratensaft

FÜR DIE PÜREES:
1 Knollensellerie
6 EL Butter
Salz, Pfeffer, Muskat
Zitronensaft
100 ml Brühe
100 g Sahne
500 g krause Petersilie
200 g Zwiebeln, gewürfelt
Fondor
300 g rote Paprikaschote
Zucker
2 EL Crème fraîche
2 EL Ketchup

❯ Den Tafelspitz würzen und in einem Bräter von beiden Seiten in Butterschmalz scharf anbraten. Das Fleisch herausnehmen und im Bratfett die grob geschnittenen Zwiebeln mit dem Thymian anschwitzen.

❯ Alles nach und nach mit dem Rotwein ablöschen und mit dem Portwein und dem Bratensaft auffüllen. Den Backofen auf 180 °C vorheizen.

❯ Das Fleisch wieder in den Bräter geben und im heißen Ofen etwa 2 1/2 Stunden garen. Der Braten ist fertig, wenn er ganz leicht von der Fleischgabel geht.

❯ Für das Selleriepüree die Sellerieknolle schälen, in grobe Würfel schneiden und diese in 2 Esslöffel Butter mit den Gewürzen anschwitzen. Mit Zitronensaft, Brühe und Sahne ablöschen und 30 Minuten leise köcheln lassen. Alles im Mixer zu Püree verarbeiten.

❯ Für das Petersilienpüree die Petersilienblättchen von den Stielen zupfen und in Salzwasser blanchieren. Mit Eiswasser abschrecken, abtropfen lassen und trockenschütteln. Die Petersilie dann mit 100 g Zwiebeln, etwas Salz, Pfeffer und Fondor in 2 Esslöffeln Butter anschwitzen. Alles im Mixer pürieren und anschließend mit einer Teigkarte durch ein Holzrahmensieb streichen.

❯ Für das Paprikapüree die Paprikaschoten schälen, entkernen und in schmale Streifen schneiden. Zusammen mit den übrigen Zwiebeln in der restlichen Butter anschwitzen, mit Salz, Pfeffer und Zucker abschmecken und mit Crème fraîche und Ketchup verrühren. Die Masse im Mixer glatt pürieren.

❯ Den fertig gegarten Braten aus dem Ofen nehmen, die Sauce durch ein Sieb passieren und, falls nötig, noch ein wenig einkochen.

❯ Zum Anrichten den Tafelspitz in Scheiben schneiden, in die Tellermitte legen und mit der heißen Sauce übergießen. Die 3 Pürees getrennt in kleinen Töpfen stark erhitzen, für jeden Teller von jedem Püree 1 Nocke abstechen und sternförmig um das Fleisch legen.

## Tipp:

❯ Als Gemüsebeilage passt sautierter Chinakohl, den Sie in der Tellermitte aufhäufen, um das Fleisch darüber anzurichten.

# Geeiste Zwetschgensuppe
## mit warmem Strudel
### und Rahmeis

## Dessert

Für 4 Personen

FÜR DIE ZWETSCHGENSUPPE:
250 g reife Zwetschgen
100 g Zucker
1 Prise Zimtpulver
100 ml Pflaumennektar
60 ml Pflaumenschnaps
1–2 EL geröstete Pinienkerne

FÜR DAS RAHMEIS:
500 g Sahne
4 Eigelb
1 EL Honig
120 g Zucker
Mark von 1 Vanilleschote
2 EL Kirschwasser

FÜR DEN STRUDEL:
100 g Marzipanrohmasse
etwas Amaretto
2 Äpfel
50 g Puderzucker
4 Lagen Strudelteig
50 g flüssige Butter
etwas Paniermehl

> Die Zwetschgen entkernen, vierteln und mit allen anderen Zutaten für die Suppe bei ganz schwacher Hitze langsam zum Kochen bringen. Einmal aufkochen lassen, dann abkühlen lassen und die Suppe bis zum Anrichten in den Kühlschrank stellen.
> Alle Zutaten für das Rahmeis miteinander verrühren und die Masse zum Gefrieren in die Eismaschine geben.
> Die Marzipanrohmasse in kleine Stücke schneiden, mit etwas Amaretto anwirken, so dass sie sehr geschmeidig wird. Die Äpfel schälen und mit einem Kugelausstecher aus dem Fruchtfleisch Kugeln ausstechen. Diese mit Puderzucker und Marzipan mischen.
> Den Backofen auf 180 °C vorheizen. Den Strudelteig dünn mit der Butter bestreichen und mit etwas Paniermehl bestreuen. Ein wenig von der Marzipanmasse in die Mitte jedes Teigstücks setzen und zu einem kleinen Päckchen in Bonbonform zusammenrollen. Die Strudel im heißen Ofen etwa 15 Minuten backen.
> Die geeiste Suppe in tiefen Tellern mit den Strudeln und dem Rahmeis anrichten.

# no risk, *no fun*

Seinen zusätzlichen Vornamen Oswald-Karl kürzt Manfred Heissig O.K. ab – doch „okay" kann eigentlich nur als Untertreibung gelten: „Aufsteiger des Jahres 1995", „Entdeckung des Jahres 1996", „Berliner Meisterkoch des Jahres 1997" ... In einem wahren Parforce-Ritt hat der gebürtige Münchner zwischen 94 und 99 die Metropole im Hauptstadt-Fieber erobert. So schrieb ein Kritiker über Heissigs fulminanten Start in der *Quadriga*: „Weniger als volles Risiko ist bei ihm nicht drin." Das war noch nie anders.

Juli 1987: Im *Kursanatorium Wiedemann*, Starnberg, bewirbt sich Manfred Heissig, gelernter Koch, als Chefpatissier – „weil ich da noch Defizite hatte", wie der damals in Dessert-Dingen kaum bewanderte Heissig trocken formuliert. Der Quereinsteiger kauft sich drei Profi-Bücher, studiert intensiv Rezepte und probiert in den Pausen alles aus. Drei verschiedene Torten täglich müssen raus – „das beste Training: learning by doing!"

Auch beim Wechsel in die Hauptstadt fehlte jegliches Netz. Heissig, der inzwischen unter anderem Erfahrungen im *Carlton*, St. Moritz, beim Pionier der euro-asiatischen Küche,

Albert Bouley in Ravensburg, und im *Hotel Rafael*, München, gesammelt hatte, arbeitete seit 1992 als Küchenchef im *Le Gourmet*. „Im Frühjahr 94 sagte ich Otto Koch, ich wolle meinen Stil weiter entwickeln – zehn Tage später erhielt ich einen Anruf vom *Brandenburger Hof*: Das Top-Hotel plante, sein Restaurant auf einen entsprechenden Level anzuheben und suchte dafür einen Küchenchef. Als Heissig den Wechsel wagte, „hat mich jeder für verrückt erklärt: Damals war Berlin kulinarische Einöde. Erst kurz bevor die Bonner kamen, hat jeder seinen Laden aufgemacht – heute gibt es allein am Gendarmenplatz 12 Restaurants!"

Gutbürgerlich, Nouvelle Cuisine, asiatische Küche: Den ganzen Bogen hatte er in der Schweiz und in Ravensburg kennen gelernt, „und diesen Stil wollte ich in Berlin unbedingt weiter verfolgen." Kalbsbries und Gänseleber an Soja-Jus, gespickter Petersfisch mit einem Hauch Zitronengras, pochierte Apfelspalten mit japanischem Sansho-Pfeffer – Heissigs Gerichte bieten kein Nebeneinander von West und Ost, sondern ein Miteinander in neuen, feinen Harmonien. Die Schlüsselwörter des Essenzen-Fans („meine Küche zu Hause steht voll damit"): Konzentration und Kombination. Schmeckt der Koriander im Lamm-Sauté zu stark vor? Ein Jus nach traditionellen Regeln der französischen Küche besänftigt den Gaumen – und bereichert ihn zugleich.

Nach drei Jahren wartete eine neue, diesmal quantitative Herausforderung: Als Küchendirektor im *Restaurant Borchardt* „habe ich an manchen Abenden 400 Essen rausgeknüppelt – auf höchstem Niveau. In so einem Riesentempel erkennt man seine Grenzen ..." Die Schlussfolgerung, die der 33-Jährige daraus gezogen hat: „Hundert Plätze in einer schlichten, aber gut komponierten Atmosphäre wären perfekt."

Möglicherweise realisiert er sein Ideal eines Tages in Berlin – momentan jedoch orientiert sich der frisch Verheiratete etwas weiter südöstlich: Gemeinsam mit einem Sommelier organisiert er in der 12 Jahrhunderte alten Burg Querfurt bei Halle (Sachsen-Anhalt) Gourmet-Events, Weinproben und andere Veranstaltungen – mit dem Ziel, in dem imposanten romantischen Gemäuer einmal ein richtiges Hotel-Restaurant zu installieren. Neben seinem persönlichen Aufbau Ost kommen noch Beratertätigkeiten, Jobs in der Produktentwicklung und im Foodstyling dazu – neue Wege, zu denen der begeisterte Motorradfahrer scheinbar unerschrocken aufbricht. „Manchmal wache ich schon morgens auf und frage mich, was machst du da eigentlich? Aber – no risk, no fun!"

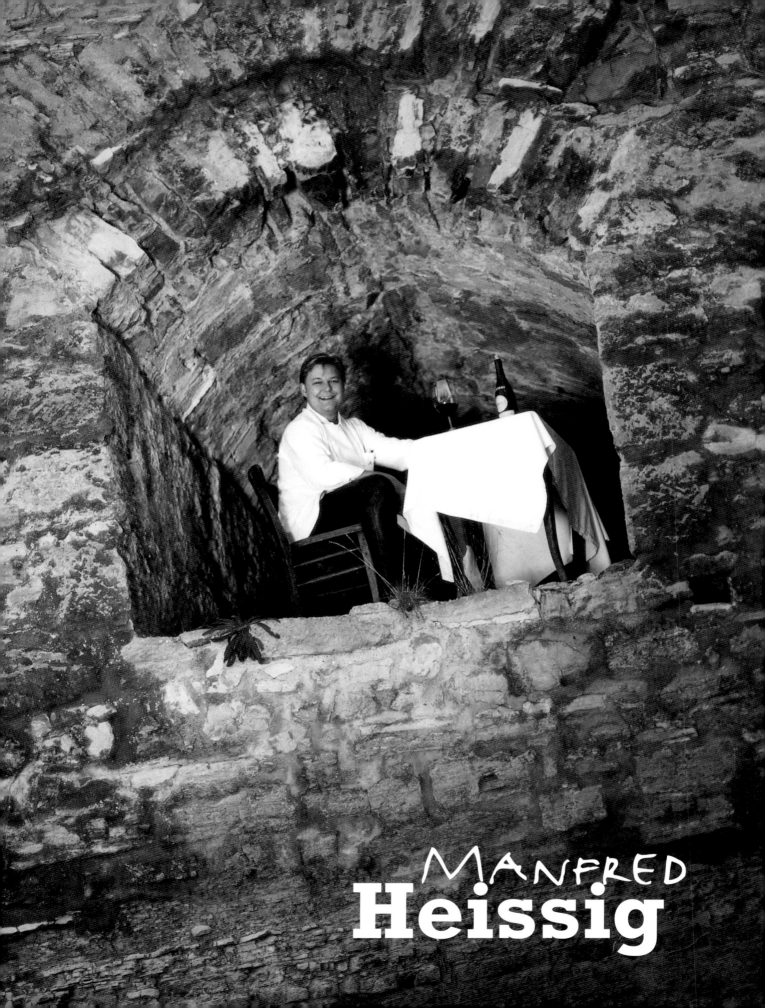

MANFRED
**Heissig**

**Mein Menü:**

> Auberginenmousse mit Ziegenfrischkäse

> Loup de mer auf Wakame–Spinat in Kalamansi–Butter

> Gebackenes Safraneis mit süßem Pesto

**Tipp:**
> Dazu können Sie Tomaten-Basilikum-Salat und/oder Lammfilets reichen.

# Auberginenmousse
## mit Ziegenfrischkäse

**Vorspeise**

Für 4 Personen

FÜR DIE AUBERGINENMOUSSE:
6 Blatt Gelatine
300 ml weißer Portwein
2 Auberginen (ca. 500 g)
Olivenöl zum Braten und für die Förmchen
Salz, Pfeffer
Saft von 1 Zitrone
200 ml Sojasauce
4 Schalotten, geschält
4 Knoblauchzehen, geschält

50 g Thymianzweige, 20 Basilikumblätter
150 g Ziegenfrischkäse
100 g Sahne, geschlagen
1 gelbe Paprikaschote, geschält

FÜR DIE PETERSILIENCROSTINI:
200 g glatte Petersilie, die Blättchen abgezupft
200 g flüssige Butter
Salz, Pfeffer
4 Scheiben Toastbrot, in Dreiecke geschnitten

❯ Für die Auberginenmousse die Gelatine einweichen, ausdrücken und in heißem Portwein auflösen; das Portweingelee in 2 Hälften aufteilen.

❯ Die Auberginen dünn schälen, Schalen in Olivenöl anbraten und in Streifen von etwa 1 x 14 cm schneiden. 4 Ausstecher von etwa 8 cm Ø dünn einölen, auf Backpapier stellen, mit etwas Portweingelee bestreichen und die Ausstecher mit den Auberginenschalen einkleiden (farbige Seite nach außen).

❯ Den Backofen auf 200 °C vorheizen. Die Auberginen längs halbieren, mit Salz, Pfeffer, Zitronensaft und Sojasauce würzen, zusammen mit Schalotten, Knoblauch, Thymian und Basilikum in Alufolie packen und im Backofen etwa 20 Minuten garen.

❯ Auberginen mit allen Beigaben mit dem Stabmixer pürieren und durch ein Sieb streichen. Ziegenkäse und die zweite Hälfte Portweingelee beigeben und kräftig unterrühren. Die Masse auf Eis kalt rühren und die geschlagene Sahne unterheben.

❯ Die Mousse mit einem Dressierbeutel in die vorbereiteten Ausstecher bis 1/2 cm unter den Rand einfüllen.

❯ Die Paprika ausstechen, einlegen, mit dem restlichen Portweingelee begießen und die Mousse etwa 20 Minuten kalt stellen.

❯ Für die Petersiliencrostini die Petersilienblättchen mit der warmen Butter aufmixen und würzen. Kurz vor dem Anrichten die Toastbrotecken in der Petersilienbutter ausbacken. Je 1 Moussetörtchen mit einigen Petersiliencrostini anrichten.

# Loup de mer auf Wakame-Spinat in Kalamansi-Butter

### Hauptgang

Für 4 Personen

FÜR DIE KALAMANSI-BUTTER:
80 g Schalotten, 1 Knoblauchzehe
10 g Ingwerwurzel, 20 g Zitronengras
2 Sardellenfilets (10 g)
Olivenöl zum Anschwitzen
1/2 l Fischfond
1/2 Bund Koriander
100 ml Kalamansi-Püree
1 leicht gehäufter EL Kurkuma
80 g kalte Butter in Stücken
Salz, Pfeffer, Zucker

FÜR DEN WAKAME-SPINAT:
50 g getrocknete Wakame-Algen
250 g junger Spinat
50 g Schalotten, gewürfelt
2 EL geschälte Sesamsamen
80 g Butter
40 g Parmesan, gerieben
Salz, Pfeffer, Muskat

FÜR DEN LOUP DE MER:
100 g Bananenblätter
100 ml Weißwein
1 Hand voll Zitronengrasblätter
600 g Filets vom Loup de mer,
geschuppt, mit Haut
Salz, Pfeffer
500 g Kirschtomaten
250 g Jakobsmuschelfleisch
1/2 Bund Koriander
2 EL Noilly Prat
60 g Sahne
3 Eiweiß, 2 TL Weizenstärke
Kardamom, Fett zum Frittieren

### Tipps:

> Dazu passen sehr gut sautierte Pfifferlinge und Krustentiere.
> Kalamansi-Püree, aus einer südostasiatischen Zitrusfrucht hergestellt, bekommen Sie im Feinkostladen. Die frischen Früchte gibt es auf Spezialitätenmärkten zu kaufen.

> Für die Kalamansi-Butter Schalotten, Knoblauch und Ingwer schälen und mit dem Zitronengras grob schneiden. Alles zusammen mit den Sardellen in Olivenöl anschwitzen, den Fischfond zugießen und sirupartig einkochen. Anschließend den Koriander beigeben und 5 Minuten ziehen lassen. Die Flüssigkeit passieren, Kalamansi-Püree und Kurkuma zugeben, aufkochen lassen, mit der kalten Butter aufmixen und mit Salz, Pfeffer und etwas Zucker abschmecken.
> Die Algen in kaltem Wasser kurz einweichen. Den Spinat waschen und die Stiele entfernen. Die Schalotten mit dem Sesam in der Butter anschwitzen. Die ausgedrückten Algen, den Spinat und den Parmesan zugeben und das Gemüse mit Salz, Pfeffer und Muskat abschmecken.
> Für den Loup de mer die Bananenblätter auf der heißen Herdplatte kurz wenden, für den (Bambus-)Korb eines Dämpftopfes zuschneiden, etwas einritzen und den Korb damit auslegen. Den Dämpftopf mit wenig Wasser, dem Wein und den Zitronengrasblättern füllen und zum Kochen bereit stellen. Vom Fischfilet die Haut in einem Schnitt entfernen. Die Filets in Portionsstücke schneiden, mit etwas Salz und Pfeffer bestreuen.
> Die Kirschtomaten enthäuten und vierteln. Die Jakobsmuscheln öffnen, das Muskelfleisch mit dem Korail von der Schale lösen und mit den Korianderblättchen, dem Noilly Prat sowie etwas Salz und Pfeffer mixen. Die Sahne und getrennt davon die Eiweiße mit der Weizenstärke steif schlagen.
> Die Muschelfarce mit der Sahne auf Eis glatt rühren, das geschlagene Eiweiß unterheben und mit einem Dressierbeutel auf die Filets dressieren. Die Tomatenviertel auflegen, mit Kardamom würzen, in den Bambuskorb einlegen und je nach Größe 5–8 Minuten dämpfen.
> Kurz vor dem Anrichten die Fischhaut frittieren. Auf jedem Teller etwas Spinat anrichten, darauf 1 Fischfilet; mit dem Kalamansi-Püree umgießen und mit der Fischhaut garnieren.

# Gebackenes Safraneis
## mit süßem Pesto

**Dessert**

Für 4 Personen

FÜR DEN BISKUIT:
8 Eier
250 g Zucker
1 Prise Salz
200 g Mehl
50 g Speisestärke
1 Prise Backpulver
Öl für die Förmchen

FÜR DIE MANDELMASSE:
50 g Butter
100 g Zucker
100 g Honig
300 g gehobelte Mandeln
100 g Cornflakes, leicht
gebrochen
100 g Schokolade,
geschmolzen

FÜR DAS SAFRANEIS:
1/2 l Milch
100 g Sahne
1 Vanilleschote
3 g Safranfäden
100 g Zucker
6 Eigelb
60 ml Pernod
Butterschmalz zum
Ausbacken

FÜR DAS SÜSSE PESTO:
150 g Basilikum
20 g Pfefferminzblättchen
50 g Pinienkerne, leicht
angeröstet
50 g Parmesan, gerieben
100 g Honig
50 ml Olivenöl
50 g Zucker
1 Prise Salz

❭ Den Backofen auf 180 °C vorheizen. Für den Biskuit Eier, Zucker und Salz auf dem heißen Wasserbad erst warm und anschließend kalt schaumig schlagen.
❭ Mehl, Stärke und Backpulver miteinander vermengen und in mehreren Schritten auf den Eierschaum sieben und unterheben. Die Masse auf ein mit Backpapier belegtes Backblech streichen und 10 Minuten im heißen Ofen backen. Herausnehmen und die Temperatur auf 220 °C Oberhitze schalten.
❭ Für die Mandelmasse Butter, Zucker und Honig bei mäßiger Hitze auflösen, Mandeln und Cornflakes zugeben und die noch heiße Masse auf den etwas abgekühlten Biskuit streichen. Den bestrichenen Biskuit nochmals etwa 5 Minuten nur bei Oberhitze gratinieren. Den Biskuit auf Backpapier stürzen und noch im warmen Zustand in die für viereckige, nach unten spitz zulaufende Förmchen passenden Formen schneiden (16 Dreiecke, 4 Quadrate für den Abschluss).
❭ Die Förmchen leicht einölen, mit Frischhaltefolie auslegen, die Biskuitdreiecke einpassen und die Ecknähte mit geschmolzener Schokolade verschließen.
❭ Für das Safraneis Milch und Sahne mit der halbierten und ausgekratzten Vanilleschote, den Safranfäden und dem Zucker aufkochen lassen und passieren. Die heiße Milch nach und nach unter die Eigelbe rühren, den Pernod zugeben und die Masse auf einem Wasserbad unter ständigem Rühren auf 65 °C erhitzen und zur Rose abziehen. Anschließend abkühlen und in der Eismaschine cremig gefrieren lassen.
❭ Das Eis in die vorbereiteten Förmchen füllen, die quadratischen Biskuits auflegen und etwas andrücken. Die Förmchen für etwa 1 Stunde in das Gefrierfach stellen.
❭ Für das süße Pesto Basilikum- und Pfefferminzblättchen zusammen mit allen übrigen Zutaten fein mixen.
❭ Die gefrorenen Biskuittörtchen aus den Formen nehmen und in 200 °C heißem Butterschmalz 1–2 Minuten ausbacken. Sofort auf Teller geben und mit etwas süßem Pesto servieren.

Dass ein Vierjähriger später einmal Tierarzt werden möchte, ist normal. Dass er im Lauf der Zeit von diesem Wunsch abkommt, auch. Nicht ganz so gewöhnlich allerdings klingt die Begründung: „Irgendwann", sagt Alexander Herrmann mit dem sonnigsten Lächeln Oberfrankens, „stellte ich fest, dass ich mehr Talent dazu habe, Tiere zu verarbeiten als zu heilen".

# Keine Angst vor Aromen

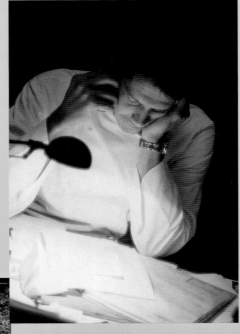

Reh in Kakaobutter mit gebratenem Chicorée, Lamm mit Guacamole und Artischockengrissini, Thunfisch mit Jus von schwarzem Sesam – derart „verarbeitet" prägen Wild, Geflügel, Fleisch und Fisch heute die Karte von Herrmann's Restaurant im *Posthotel*, Wirsberg. Seit 1869 befindet sich das Haus schon im Familienbesitz; 1995 stieg Alexander Herrmann mit ein. Als 9-Jähriger zum Waisen geworden, wuchs er bei seinen Großeltern auf – ein „typisches Gastronomiekind, mit Abspülen und Koffer tragen – dem ganzen Programm". Dass er dennoch der Branche treu blieb, ist als Hommage an seine Erziehung zu verstehen: „Die meisten Gastronomen haben nie Zeit für ihre Kinder, zwingen sie zu Jobs, die keiner gerne macht. Restaurantbetreiber, die über Nachwuchsprobleme jammern, sind selbst Schuld. Meine Familie hat mich nie unter Druck gesetzt."

Sein Weg führte ihn nach Hotelfachschule und Kochlehre im *Gasthaus Rottner* in die *Schweizer Stuben* nach Wertheim, zu Alfons Schubeck nach Waging und in Karl Ederers *Gasthaus Glockenbach*, München. Beim Start im eigenen Haus war der mit dem bayerischen Meisterpreis ausgezeichnete Küchenmeis-

ter gerade mal 24. Und eigentlich, sagt er, habe er als Juniorchef alles behutsam angehen, die Gäste langsam an neue Ideen heranführen wollen. „Bei mir hat jeder das Recht, fränkisch zu essen, schließlich sind wir ein Haus in Franken. Doch bei aller Liebe ist mir die fränkische Küche zu monostrukturiert!" Also teilte er Karte – und Küche – auf: links die „Tradition", die Bratwürste mit Schiefertrüffeln, die Ochsenbrust, der Tafelspitz; rechts die „Innovation", ursprünglich gedacht als moderat-moderne Version der mediterranen Küche. Aber dann entdeckte Alexander Amerika, genauer: die Californian Cuisine, und plötzlich ging alles ganz schnell. „Der Besuch in San Francisco hat bei mir einen Schalter umgelegt. Ich verlor die Angst, Aromen zu kombinieren, die anderen nicht schmecken könnten – Pfirsich-Chili-Eis zum Beispiel. Seitdem gilt: Mach, was du für richtig hältst!" So findet sich heute auf der rechten Seite der Karte eine aufregende Mixtur der Weltaromen – eine europäisch-asiatisch-karibische Geschmacks-Union, deren Überschrift ihrem Erfinder inzwischen antiquiert erscheint. „1995 war der Begriff ‚Innovation' noch nicht so klischeehaft", sagt Herrmann fast entschuldigend – ein „Junger Wilder" steht auch in der Begriffsfindung in der Pflicht.

Crossover der Küchen, mehr Transparenz, Kommunikation mit Gästen und Publikum – der dunkelhaarige Franke, der regelmäßig im VOX-„Kochduell" auftritt und mit seiner Mischung aus Schlagfertigkeit und Galanterie zum Kultcharakter der TV-Show entschieden beiträgt, sieht die Rolle des Gastronomen völlig neu. „Früher wurde keiner akzeptiert, der nicht sieben Tage die Woche hinterm Herd klebte. Aber ich kann doch nicht dastehn und den ganzen Tag a Soss' machen! Ich muss mich darum kümmern, dass sich der Betrieb weiter entwickelt."
Sein Credo: Organisation und Delegation. „Meine Leute sind selbstständig, die können durchaus auf ein Grillhendl, eine Ochsenbrust und ein Gänseleberparfait aufpassen." Und auf die Soss' wohl gleich dazu.

Mit zehn Mitarbeitern in der Küche, einer verständnisvollen Freundin und einer starken Familie im Hintergrund arbeitet der mit 15 Gault-Millau-Häubchen bemützte Koch täglich an der Antwort auf die für ihn wichtigste Frage: „Was will der Gast?" Einmal im Jahr, zur Festspielzeit, steht das von vorne herein fest: Da kommen die Gäste aus dem 15 Kilometer entfernten Bayreuth, Wagner im Ohr, Robe und Smoking am Leib – „und erwarten, dass bei uns die Oper weiter geht".

Alexander
Herrmann

**Mein Menü:**

❯ **Gebackene Thunfischpraline auf Melonen–Chili–Kaltschale**

❯ **Roulade von Kalbsrücken und Hummer mit Guacamole und Artischockengrissini**

❯ **Polentarahmeis mit gegrillter Ananas**

Gebackene
Thunfischpraline
auf Melonen-Chili-
Kaltschale

**Vorspeise**

Für 4 Personen

FÜR DIE THUNFISCHPRALINE:
480 g schieres Thunfischfilet
(Sushiqualität), in Würfel geschnitten
Salz, Pfeffer
Saft von 1 Limette
etwas Knoblauchöl
1 TL schwarze Kümmelsamen
4 große Blätter Brickteig, in feine
Streifen geschnitten
1/2 l Olivenöl zum Frittieren

FÜR DIE MELONEN-CHILI-KALTSCHALE:
3 reife Cavaillon-Melonen (gelbfleischige
Melonensorte)
1 TL Butter
1 TL Currypulver
100 ml Weißwein
1 kleine rote Chilischote, ohne
Kerne sehr fein gehackt

> Den Thunfisch mit Salz, Pfeffer, etwas Limettensaft und ein paar Tropfen Knoblauchöl abschmecken. Den Kümmel hinzugeben und die Mischung zu 4 gleich großen Kugeln formen.
> Die Thunfischpralinen in den Brickteigstreifen wälzen; Teigstreifen gut andrücken.
> Die Pralinen in heißem Öl rasch ausbacken – sie sollten noch einen leicht rohen Kern haben –, auf einem Tuch abtropfen lassen.
> Für die Kaltschale das Melonenfleisch entkernen, etwa 4 Esslöffel gewürfeltes Fruchtfleisch schneiden. Den Rest Melonefruchtfleisch grob zerstückeln, pürieren und kalt stellen.

> Die Butter in einem Topf erhitzen, mit Curry bestäuben, kurz aufschäumen und mit dem Weißwein ablöschen. Chili hinzugeben und einmal aufkochen; etwa 10 Minuten ziehen lassen, dann umfüllen und kalt stellen.
> Erst kurz vor dem Servieren das Melonenpüree nach eigenem Geschmack mit mehr oder weniger Chilisud abschmecken. Die Kaltschale in tiefe Teller verteilen, in die Mitte die Melonenwürfel geben und darauf je 1 Thunfischpraline setzen.

**Tipp:**
> Knoblauchöl können Sie selbst herstellen: 1 Knoblauchzehe in 100 ml Olivenöl einlegen und 2 Tage ziehen lassen.

# Roulade von Kalbsrücken und Hummer mit Guacamole und Artischockengrissini

## Hauptgang

Für 4 Personen

**FÜR DIE ROULADE:**
2 Schalotten, gewürfelt
Olivenöl zum Braten
2 frisch gekochte Hummer à ca. 500 g (beim Händler halbieren und ausbrechen lassen, Hummerschalen mitnehmen)
1 EL Tomatenmark
100 ml Weißwein (noch besser: Champagner)
1/2 Knoblauchzehe
3 Zweige Thymian + einige Thymianblüten
400 ml Hühnerbrühe, 50 ml Mangosaft
1 TL Speisestärke, Salz, Pfeffer
50 ml Olivenöl extra vergine
4 Scheiben Kalbsrücken à 100 g, leicht platiert

**FÜR DIE GUACAMOLE:**
1 Scheibe durchwachsener Speck, fein gewürfelt
1 Schalotte, fein gewürfelt
1 reife Avocado
50 ml Olivenöl extra vergine, Salz, Pfeffer
8 Tomaten, enthäutet, entkernt und gewürfelt

**FÜR DIE ARTISCHOCKENGRISSINI:**
2 Schalotten, fein gewürfelt
Olivenöl zum Braten
4 mittelgroße Artischockenböden, geputzt und fein gewürfelt
Salz, Pfeffer, Knoblauchöl
8 große Blätter Frühlingsrollen-Teig

❯ Für die Hummersauce die Schalotten in Olivenöl anschwitzen. Die Hummerschalen zerstoßen und etwa 3 Minuten mitrösten. Das Tomatenmark hinzugeben und 1 Minute rösten. Mit dem Weißwein ablöschen. Knoblauch und Thymianzweige zufügen, mit Hühnerbrühe knapp bedeckt auffüllen; bei schwacher Hitze maximal 25 Minuten köcheln lassen. Den Fond durch ein Sieb gießen, den Mangosaft hinzugeben und die Sauce um 1/4 einkochen. Mit etwas Stärke sämig abbinden, mit Salz und Pfeffer abschmecken und kurz vor dem Anrichten das Olivenöl mit dem Mixstab untermixen.

❯ Den Backofen auf 130 °C vorheizen. Das Kalbfleisch würzen, je 1/2 Hummerschwanz sowie 1 Schere in die Mitte der Fleischscheiben legen, mit Thymianblüten bestreuen und den Kalbsrücken um den Hummer zusammenschlagen.

❯ Die Rouladen einzeln in Alufolie rollen, beide Enden der Folie gut zusammendrücken, so dass sich eine gleichmäßige Form ergibt. Die Rollen in wenig Fett anbraten und im heißen Ofen auf einem Blech in etwa 18 Minuten fertig garen.

❯ Für die Guacamole den Speck in einer Pfanne bei milder Hitze braten. Kurz bevor er schön kross ist, die Schalotten hinzugeben und glasig braten; den Pfanneninhalt kalt stellen.

❯ Das Avocadofleisch auslösen, mit dem Stabmixer pürieren, 3 Esslöffel Olivenöl langsam zugeben, dann die Speck-Zwiebel-Masse sowie Salz und Pfeffer. Die Tomatenwürfel kurz vor dem Servieren in dem restlichen Olivenöl anschwenken, das Avocadopüree hinzugeben und die Guacamole sofort von der Kochstelle nehmen. Das Püree sollte nur gut warm sein, auf keinen Fall kochen!

❯ Für die Artischockengrissini die Schalotten in einer Pfanne mit Olivenöl anbraten, die Artischockenwürfel hinzugeben; mit Salz, Pfeffer und Knoblauchöl abschmecken. Den Pfanneninhalt kalt stellen.

❯ Die abgekühlte Artischockenmasse auf die 8 Blätter Frühlingsrollen-Teig jeweils an einer Längskante entlang verteilen. Die Enden einschlagen und die Blätter zu dünnen Stangen von etwa 1,5 cm Ø rollen. Kurz vor dem Anrichten die Grissini in reichlich Olivenöl ringsherum goldbraun anbraten.

❯ Die Rouladen zum Anrichten vorsichtig aus der Folie wickeln und ein- bis zweimal mit einem scharfen Messer anschneiden. Die Guacamole in die Mitte der Teller geben, je 2 oder 3 Rouladenscheiben daraufsetzen, mit Hummersauce nappieren und die Grissini an die Roulade lehnen.

# Polentarahmeis
## mit gegrillter Ananas

**Dessert**

Für 4 Personen

FÜR DAS POLENTARAHMEIS:
200 ml Milch
100 g Zucker
Mark von 1 Vanilleschote
knapp 3 EL Polentagrieß
30 g weiße Kuvertüre
4 Rosmarinnadeln

FÜR DIE GEGRILLTE ANANAS:
1 Ananas
1 EL brauner Zucker
Pfeffer aus der Mühle
50 ml alter Aceto balsamico zum Garnieren
Kerne von 1/2 Granatapfel zum Dekorieren

❯ Für das Eis Milch, Zucker und Vanillemark aufkochen. Den Grieß dazugeben und 20 Minuten quellen lassen. Die Kuvertüre in Stücken sowie die Rosmarinnadeln hinzufügen. Alles fein pürieren, vollständig abkühlen lassen, im Kühlschrank durchkühlen und in der Eismaschine gefrieren lassen.
❯ Die Ananas schälen, in 8 Scheiben schneiden, den harten Strunk rund ausstechen. Die Scheiben ohne Fett von einer Seite in einer Grillpfanne grillen. Die Oberseite mit braunem Zucker bestreuen, diesen mit dem Lötbrenner karamellisieren und den Karamell leicht mit Pfeffer aus der Mühle bestreuen.
❯ Zum Anrichten je 1 Ananasscheibe mit der gegrillten Seite nach oben auf den Teller geben, 1–2 Nocken Polentaeis auflegen, mit den übrigen Ananasscheiben und ein paar Tropfen Aceto balsamico garnieren. Mit Granatapfelkernen dekorieren.

# Lustspiele am Herd

Gerhard Nikolaus Kleeberg, Schüler in Koblenz, träumt von einer Karriere als Schauspieler. Kolja, wie er schon von klein auf genannt wird, nimmt Gesangsunterricht, hat kleinere Rollen am Stadttheater – „fünf in ‚Des Teufels General', von der Stimme hinterm Vorhang bis zum Soldat, der ‚Halt!' ruft" –, bewirbt sich bei renommierten und weniger renommierten Schauspielschulen, geht schließlich an eine Privatakademie nach München.

„Dort mussten wir uns dann vorstellen, ein Hund zu sein. Einen Tag lang saßen alle auf dem Boden und haben ‚Wuff!' gemacht", erinnert sich Kleeberg mit überzeugend dargestelltem Schaudern. „Der Gedanke, mit solchen Leuten den Rest meines Lebens verbringen zu müssen, frustrierte mich – sie waren mir zu pessimistisch, zu destruktiv, ohne Verständnis für die Menschen." Nach dem letzten „Wuff" nahm der Rheinländer Reißaus, zwei Wochen später fing er eine Kochlehre in Bonn an, die ihn schließlich ins Spitzenrestaurant *Le Marron* führte. Die Parallelen zum ursprünglichen Traumjob? „Hier wie da geht es um Lebensgenuss."

Diesen realisierte er unter anderem im *Rino Casati* und als Souschef bei Eduard Hitzberger in der Schweiz – bis er vom Ensemblemitglied zum Solostar aufstieg: Seit Ende 1996 ist Kleeberg, der sich in Josef Viehhausers *Le Canard* auf die neue Herausforderung vorbereitete, Küchenchef in einem – der Ausdruck sei verziehen – absoluten In-Restaurant der Hauptstadt. In den Räumen eines einstmals berühmten Berliner Salons verbindet das *VAU* luxuriös-puristische Architektur und den unkompliziert-perfekten Service unter Leitung von Kleebergs Ehefrau Petra Fontaine mit Koljas innovativen Interpretationen moderner Gastronomie.

So bietet er mittags eine „Kombikarte" an, auf der jeder Gang 20 Mark kostet – ob marinierte Kalbshaxen mit Waldpilzen, Edelfische auf Fenchel-Couscous oder Apfelsüppchen mit Quarksorbet. Eine Konzession an eilige oder figurbewusste Gäste („Natürlich soll das Lesen der Karte Lust auf mehr machen!"), aber auch Ausdruck von Kleebergs Überzeugung, dass sich die Preise in der gehobenen Gastronomie ohnehin an falschen Kriterien orientieren: „Eigentlich müsste die Arbeitszeit der Köche teurer berechnet werden als die verwendeten Luxusprodukte – Schmorbraten also mehr kosten als Rinderfilet. Das würde die Wertigkeit unseres Tuns erhöhen."

Sein Haupt-Kriterium: „Ein Gericht muss Sinn haben, soll Zutaten nicht bloß aneinander reihen, sondern aufeinander abstimmen." Als Negativ-Beispiel dienen ihm Kreationen aus den frühen Neunzigern. „Damals war mir das Kerbelsträußchen noch wichtig – auf Olivenpaste! Geschmacklich ein völliger Quatsch – heute graust mir davor!" Unbeschadet auf den Tisch gelangen dagegen etwa roh marinierte Langustinos mit Tomatengelee über Basilikum-Crèmefraîche – wie Kleeberg hinzufügt, eine Kreation seines Souschefs Heiko Nieder.

„Krustentiere pur – das wäre zu viel ungewohnter Geschmack. Ein Löffel Säure mildert das Aroma, Fett rundet das Ganze ab. Außerdem" – ein guter Entertainer weiß, wie wertvoll Pointen gerade nach Belehrungen sind – „sieht das schön schlicht aus, fast wie die japanische Kriegsflagge. Kein hohes Türmchen, das den Gästen beim Essen Schwierigkeiten bereitet."

Das darf in keinem Fall passieren: Kolja Kleeberg fühlt sich in dem ehemaligen Salon als komplett zuständiger Gastgeber. „Das liegt sicher an meinem Hang zum Publikum", bekennt er, so wie andere ihren Hang zum Personal outen. Später am Abend gesellt er sich regelmäßig zu seinen Gästen – auf der Schürze noch die Spuren der Dramen und Lustspiele am Herd.

Doch wenn er „spielfrei" hat, schlüpft der 34-Jährige gern in ganz andere Rollen. Dann zieht er einen der geliebten Anzüge an, wählt aus zwischen seinen „50, 60 Hemden und bestimmt 50 Krawatten. Viel zu viel – doch ich genieße es schon, damit einfach in der Stadt herumzulaufen." Dann ist Berlin die Bühne – und der gefeierte Koch begeisterter Zuschauer.

Kolja
Kleeberg

**Mein Menü:**

❯ Petersfisch mit Lyoner Wurst, Rucola
   und dicken Bohnen

❯ Allerlei von der Bressetaube mit Kichererbsenpüree
   und Sommertrüffeln

❯ Junger Ziegenkäse mit Lavendelvinaigrette
   und Zucchiniblüten

# Junger Ziegenkäse
## mit Lavendelvinaigrette
### und Zucchiniblüten

**Dessert**

Für 4 Personen

ZUTATEN:
1/4 l Geflügelfond
1 TL Lavendelhonig
Saft von 1 Limette
4 Zweige Lavendel
Salz, Pfeffer
etwas herbes Olivenöl
(vorzugsweise aus der Toskana)
4 Zucchiniblüten
4 Scheiben (à 70 g) St. Maure
oder anderer junger Ziegenkäse
ohne Asche
80 g Kartoffelstärke
1 TL Backpulver
80 g Eiswasser
1 großes Eiweiß
neutrales Pflanzenöl zum Ausbraten

> Für die Lavendelvinaigrette den Geflügelfond aufkochen, mit Lavendelhonig und Limettensaft versetzen. Von den Lavendelzweigen 4 Blüten abziehen und etwa 5 Minuten in der Vinaigrette ziehen lassen. Mit 1 Prise Salz und etwas Pfeffer abschmecken und mit etwas Olivenöl binden.
> Die kleinen Zucchinifrüchte, die an den Blüten sind, in schmale Streifen schneiden und in der Lavendelvinaigrette kurz erwärmen.

> Den Ziegenkäse in unregelmäßige Stücke brechen, mit der Lavendel-Zucchini-Vinaigrette in tiefen Tellern anrichten.
> Kartoffelstärke und Backpulver vermischen. Eiswasser und Eiweiß leicht verquirlen; unter die Stärke rühren, bis ein glatter Tempurateig entstanden ist.
> Die Zucchiniblüten in ihre Segmente zerteilen, durch den Teig ziehen und in Öl ausbraten. Über dem Ziegenkäse anrichten. Das Dessert mit den Lavendelzweigen dekorieren.

# Allerlei von der Bressetaube
## mit Kichererbsenpüree
## und Sommertrüffeln

### Hauptgang

Für 4 Personen

FÜR DAS KICHERERBSENPÜREE:
200 g Kichererbsen
1 halbierte Zwiebel, 1 Stange Sellerie
1 ungeschälte Knoblauchzehe
je 1 Zweig Rosmarin und Thymian
grobes Meersalz
4 EL Crème fraîche, etwas kalte Butter
Trüffelöl
etwas blanchierte Zitronenzeste nach Belieben
eventuell etwas Gemüsebrühe

FÜR DAS TAUBENALLERLEI:
2 Bressetauben à 400 – 500 g mit Innereien (eventuell bereits
beim Händler auslösen lassen; alle Teile mitnehmen)
4 Schalotten, 4 Champignons
etwas Stangensellerie, 2 Knoblauchzehen
150 ml roter Portwein, 100 ml Wildfond
Thymian, Rosmarin, frischer Lorbeer, Wacholderbeeren,
schwarze Pfefferkörner, Gewürznelken, Piment
Salz, Pfeffer, etwas Butter zum Braten

FÜR DIE TRÜFFEL:
40 g Sommertrüffel (tuber aestivum), fein gehobelt
etwas Butter, Salz
etwas Zitronensaft, einige Zweige glatte Petersilie

> Für das Püree die Kichererbsen am Vortag einweichen, in
ungesalzenem Wasser aufsetzen. Nach 1 Stunde leichtem
Köcheln Zwiebel, Stangensellerie und Knoblauch dazugeben.
10 Minuten vor Ende der Kochzeit (insgesamt etwa 1 1/2
Stunden) Rosmarin, Thymian und etwas Meersalz zugeben.
> Die Kichererbsen mit Crème fraîche, Butter und 1 Tropfen
Trüffelöl zum Püree mixen und durch ein feines Sieb streichen. Das Püree eventuell mit Zitronenzeste abschmecken.
> Für das Taubenallerlei die Tauben auslösen. Die Tauben-
brüste (mit Haut) sowie Herz und Leber beiseite legen. Die
Karkassen klein hacken und mit den geputzten Taubenkeulen
zusammen in einem Schmortopf anrösten. Schalotten, Champignons, Sellerie und Knoblauch grob schneiden und mitrösten. Das Ganze mehrmals mit Portwein ablöschen und mit
dem Wildfond auffüllen. Dann die Gewürze und Kräuter hinzufügen.
> Die Taubenkeulen aus dem Ansatz nehmen, sobald sie gar
sind. Die Sauce durch ein feines Tuch passieren, eventuell
noch etwas reduzieren und abschmecken. Die Keulen wieder
in die Sauce zurückgeben.
> Den Backofen auf 250 °C vorheizen. Die gesalzenen Tau-
benbrüste mit der Hautseite nach unten in eine heiße Braten-
pfanne legen und dann für etwa 1 Minute in den heißen Backofen geben. Danach die Taubenbrüste umdrehen und etwa
10 Minuten an einem warmen Ort ruhen lassen.
> Etwas Butter in einer Pfanne erhitzen und die Innereien
darin bei mittlerer Hitze braten. Anschließend leicht würzen.
> Die Trüffelspäne, bis auf einige für die Dekoration, ganz
kurz in etwas brauner Butter schwenken, leicht salzen und
säuern. Von der Petersilie ein wenig für die Dekoration
zurückbehalten, den Rest fein schneiden und zu den Trüffeln
geben.
> Die Taubenbrüste dünn aufschneiden. Das Kichererbsen-
püree, sollte es zu stark nachgedickt sein, mit Brühe verdün-
nen. Etwas von dem Püree auf die Teller geben. Die Tauben-
brustscheiben, Keulen und Innereien daneben anrichten.
Die Trüffelspäne mit etwas brauner Butter über das Kichererbsenpüree geben. Mit den zurückbehaltenen Trüffelspänen
und der Petersilie dekorieren.

### Tipp:
> Für eine sehr exklusive Vari-
ante nehmen Sie statt der
Sommertrüffel weiße Trüffel,
die dann aber roh über den an-
gerichteten Hauptgang ge-
hobelt werden sollten.

# Petersfisch
## mit Lyoner Wurst,
## Rucola und dicken Bohnen

### Vorspeise

Für 4 Personen

ZUTATEN:
200 ml Geflügelfond
1/2 Schalotte, geschält
1 Knoblauchzehe
100 g kalte Butter in Würfeln
Saft von 1 Limette
grob gemahlener schwarzer Pfeffer
20 g dünne Scheiben Lyoner
Wurst, vorgekocht
(20 Minuten bei 80 °C ziehen lassen)
1 Zweig Bohnenkraut
2 Zweige Thymian
200 g dicke Bohnen, ausgepalt und enthäutet
4 Petersfischfilets ohne Haut, à 70 g
(entspricht 800–1000 g unfiletiertem Fisch)
Salz
Pflanzenöl zum Braten
2 Hand voll entstielte Rucolablätter
etwas mildes Olivenöl (vorzugsweise
aus Ligurien)

> Den Geflügelfond zusammen mit der Schalotte und der (ungeschälten) Knoblauchzehe etwas reduzieren. Dabei nach und nach die kalten Butterstückchen, bis auf 1–2 für den Fisch, einarbeiten. Diesen Fond mit etwas Limettensaft und Pfeffer abschmecken.
> Die Lyonerscheiben zusammen mit dem Bohnenkraut und 1 Zweig Thymian 5 Minuten im Fond ziehen lassen. Schalotte, Knoblauch und Kräuter herausfischen. Die Bohnenkerne im Fond erwärmen.
> Die Fischfilets salzen und in Pflanzenöl je nach Dicke in 1–2 Minuten goldbraun braten. (Achtung: Petersfisch wird sehr schnell trocken!) Kurz vor Ende der Bratzeit die restliche Butter, 1 Zweig Thymian und ein paar Tropfen Limettensaft dazugeben.
> Die Rucola bis auf einige Blätter für die Garnitur klein schneiden und zum Fond geben. Den Bohnenfond mit Wurstscheiben in tiefen Tellern anrichten. Mit dem Olivenöl einige „Fettaugen" in den Fond laufen lassen. Den Fisch daraufgeben, mit grobem Pfeffer übermahlen und mit den zurückbehaltenen Rucolablättern garniert servieren.

Christian Loisl kennt keinen Traumort. Aber ein Traumziel: Abwechslung. Wohl kaum einer seiner Kollegen ist mit 35 Jahren so viel herum gekommen – und nach wie vor so hungrig auf Neues wie er. Die Erklärung mag in den Sternen liegen: nicht in jenem, den Loisl vom Michelin 1996/97 erhielt, sondern in denen des Himmelbilds. Der Dezember-Geborene ist Schütze – „die gelten als besonders reiselustig".

# **O**n the r**o**ad again

Dabei konnte sein Start nicht bodenständiger sein: In München geboren, am idyllischen Speichersee aufgewachsen, bewarb er sich bei Alois Dallmayr, lernte dort Koch und Konditor. Sechs Jahre blieb er dem Traditionshaus treu, dann zog es ihn von der bayerischen Landeshauptstadt auf die Meere der Welt: Als Chefpatissier auf der MS Berlin und der MS Europa steuerte er Südeuropa, Skandinavien, Nord- und Mittelamerika sowie Afrika an. Diese zwei Jahre haben seinen Blick für Verhältnismäßigkeiten entscheidend geprägt („Wir zerbrechen uns hier den Kopf über das 38. originelle Amuse Gueule – und ein paar hundert Kilometer weiter südlich hungern die Leute.") – und ihn zum Künstler gemacht: „Auf dem Schiff habe ich nicht gekocht, sondern gezaubert. Unter idealen Bedingungen ist es nicht schwer, gut zu kochen, aber wenn du so lange unterwegs bist, bleibt nur die Improvisation!"

Wieder an Land, stand Perfektion auf dem Programm: Peter Wehlauer, Otto Koch, Heinz Beck – Loisl arbeitete bei den ganz Großen, war unter anderem im Le Gourmet, im Königshof, im Tantris und in Aschau bei Heinz Winkler. Als 1993 das Angebot kam, als Küchenchef in ein neues Restaurant einzusteigen, machte Loisl auf eigene Faust das, was die „Jungen Wilden" heute dem talentierten Nachwuchs mit ihrem Netzwerk bieten möchten: Er tourte durch die besten Restaurants Europas, lernte bei Kollegen dies, erfuhr von Bekannten das,

war hier Souschef auf Zeit, dort Praktikant für einen Monat und er erfuhr immer wieder viel Unterstützung, so zum Beispiel auch von Peter Kluge, dem Restaurantchef des Tantris. Lohn der Lehr-Reise: Der junge Küchenchef des Le Carat, Ludwigsburg, galt dem Gault Millau 1995 als „Entdeckung des Jahres"; Sonnen, Löffel, Mützen und all die anderen Auszeichnungs-Accessoires folgten schnell.

„International und von der Saison beeinflusst", nennt der Vielgereiste seinen Stil. Frische Waren sind ihm wichtiger als fixe Ideen: Wenn die ursprünglich geplante Rotbarbe beim Einkauf eher traurig ausschaut, wählt Loisl eben Langustinos – und herrliche Artischocken dazu. Die Impressionen, die der Kunst-Begeisterte von seinen Spaziergängen mit in die Küche nimmt, beschränken sich nicht auf Produkte: Ein Briefkasten an der Ecke inspirierte den Dessert-Profi zu einem neuen Nachtisch – eine Schoko-Schachtel, aufs Feinste gefüllt. Rückbesinnung ist für ihn, der sich mit Spiritismus und Naturlehren befasst, ein weiteres wichtiges Thema. „Wir haben so vieles verlernt", sagt er und nennt den Spruch „Gegen jede Krankheit ist ein Kraut gewachsen" als Beispiel: „Viel zu lange wurde dieses Wissen nur pharmazeutisch genutzt, jetzt endlich arbeiten wir auch in der Küche damit."

Nach fünf Jahren im Le Carat, „sieben Tage die Woche, mittags und abends" nahm sich Loisl wieder eine Auszeit. Ging für drei Monate als Privatkoch wohlhabender Südstaatler in die USA, kochte auf Events, entschied, sich „aus der ganz harten Gastronomie zurückzuziehen: Gesundheitlich und privat muss man irgendwann an die Zukunft denken."

Momentan ist der Junggeselle ohne festen Wohnsitz hauptsächlich als Berater für Hotels und Food-Unternehmen tätig. Seine Jobs führen ihn mal wieder rund um die Welt. So beinhaltet ein Monatsplan Reisen nach Schrobenhausen, Österreich, Taiwan und Berlin: Dort hat der wissenshungrige Koch einen Computerspezialisten kennen gelernt. Dieser soll ihm die Geheimnisse eines Personal Computers erklären – und Loisl ihm dafür die der großen Küche. Software-Profi müsste man sein ...

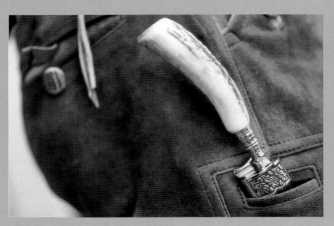

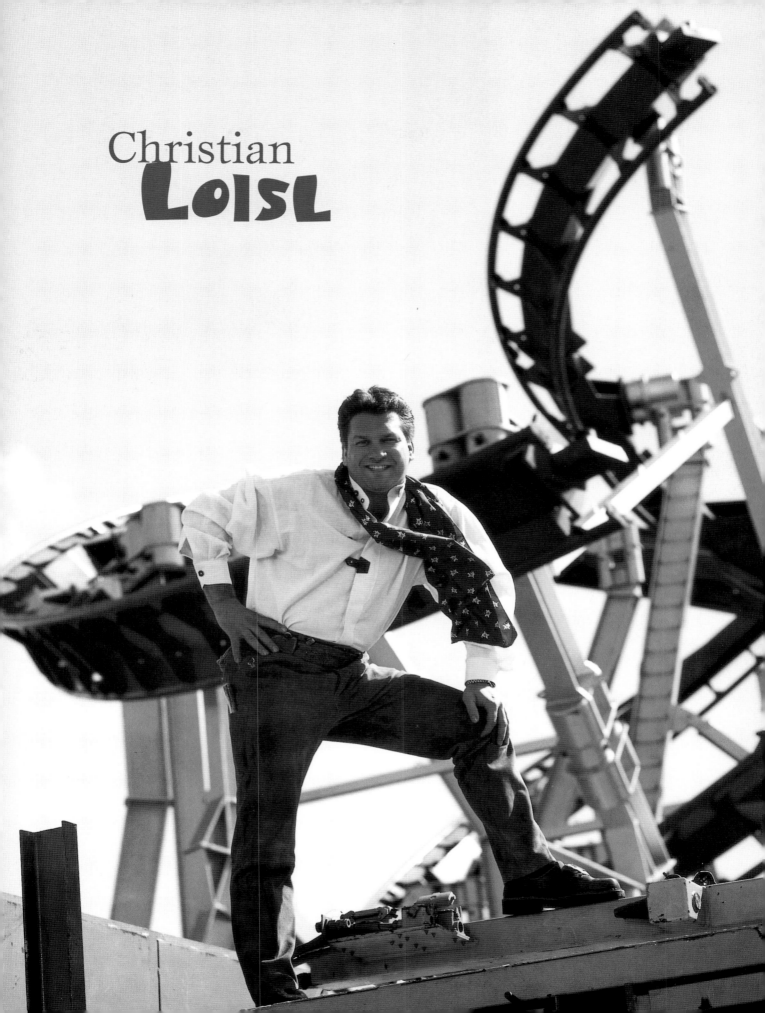

# Christian
# LOISL

**Mein Menü:**

❯ **Gebratene Langustinos mit Steinpilzen, Wildkräutern und Blüten**

❯ **Petite Marmite von der Perlhuhnbrust mit jungem Gemüse im Trüffelfond**

❯ **Verzauberte Waldbeerenkörbchen**

# Petite Marmite
## von der Perlhuhnbrust
### mit jungem Gemüse im Trüffelfond

**Hauptgang**

Für 4 Personen

FÜR DIE PETITE MARMITE:
4 Perlhuhnbrüste à ca. 180 g
Salz, Pfeffer
Öl zum Braten, etwas Rosmarin und Thymian
1 Knoblauchzehe, ungeschält
650 ml Geflügelbrühe oder Consommé
200 ml Madeira, etwas Trüffelöl
8–10 g Trüffel in feinen Scheiben
1 Eigelb, mit etwas Sahne verrührt
150 g Blätterteig, in Streifen geschnitten

FÜR DAS GEMÜSE:
320 g geschälte Kartoffeln,
in Stücke geschnitten
400 g klein geschnittenes Gemüse der Saison
(z. B. Karotten, in Scheiben geschnitten; Zucchini,
längs halbiert und in Scheiben geschnitten; Bohnen,
auf gleiche Länge geschnitten; Kaiserschoten, Peter-
silienwurzeln, kleine Frühlingszwiebeln, in grobe
Stücke geschnitten; Stangensellerie, in dicke Scheiben geschnitten)

> Die Perlhuhnbrüste mit Salz und Pfeffer würzen und in heißem Öl mit den Kräutern und der Knoblauchzehe anbraten.
> Die Kartoffeln in Salzwasser vorkochen, sie sollten noch einen sehr guten Biss haben. Alle Gemüsesorten separat nur kurz blanchieren. Den Backofen auf 200 °C vorheizen.
> Die Perlhuhnbrüste mit dem Gemüse und den Kartoffeln in eine Terrinenform (mit Deckel) einsetzen, mit Brühe und auf 50 ml reduziertem Madeira auffüllen, mit Trüffelöl beträufeln und mit Trüffelscheiben bedecken.
> Den Terrinenrand mit Sahneeigelb bestreichen und mit Blätterteigstreifen umlegen. Auch den Teig mit Sahneeigelb bestreichen und den Terrinendeckel fest daraufsetzen. Den Eintopf etwa 15 Minuten im heißen Ofen backen.

> Die Terrine wegen des hervorragenden Dufts erst am Tisch öffnen. Jede Perlhuhnbrust auf dem Tranchierbrett zwei- bis dreimal teilen, in tiefen Tellern anrichten und mit Gemüse, Kartoffeln und dem Trüffelfond aus der Terrine auffüllen.

### Tipps:
> Dieses Gericht kann auch mit Kräuterfond zubereitet werden. Bereiten Sie den Fond dann ohne Trüffelöl zu und legen Sie statt der Trüffelscheiben je 1 Zweig Rosmarin und Thymian sowie etwas Salbei und Basilikum auf; nach Geschmack 1 – 2 ungeschälte Knoblauchzehen in die Brühe geben.
> Statt der Perlhuhnbrust können Sie auch Poulardenbrust verwenden.

# Gebratene Langustinos
## mit Steinpilzen, Wildkräutern und Blüten

**Vorspeise**

Für 4 Personen

FÜR DIE LANGUSTINOS:
8 Langustinos (Kaisergranaten) à ca. 130 g
etwas Rosmarin und Thymian
3 Knoblauchzehen
Öl zum Braten
100 g Steinpilze
Salz, Pfeffer
2 Tomaten

> Von den ganzen Langustinos (mit Kopf) die Schwänze auf der Oberseite der Länge nach tief einschneiden, fast durchschneiden. Die Langustinos auf die Rückseite drehen und die untere Seite der Schwanzflächen so aufklappen, dass die aufgeschnittene Fleischseite zum Anbraten vollkommen in der Pfanne liegen kann.
> Die Langustions mit etwas Rosmarin, Thymian und den ungeschälten Knoblauchzehen in einer Pfanne in heißem Öl braten.
> Die Steinpilze putzen (nicht waschen) und in Scheiben schneiden. Öl in einer zweiten Pfanne erhitzen, die Steinpilzscheiben darin beidseitig anbraten und mit Salz und Pfeffer würzen.
> Die Tomaten enthäuten, das Fruchtfleisch vierteln, Kerne entfernen und das Tomatenfleisch in kleine Würfel schneiden.
> Für die Blattsalate alle Salatsorten putzen und waschen, trockenschleudern und zerpflücken.
> Für das Dressing Senf, Eigelb und Aceto balsamico verrühren. Das Olivenöl einrühren und das Dressing mit Salz, Pfeffer und etwas Zucker abschmecken.
> Die Tomatenwürfel mit etwas Balsamico-Dressing verfeinern. Die Blattsalate mit dem Balsamico-Dressing marinieren und kopfseitig auf den Tellern dekorativ anrichten. Die gebratenen Langustinos und Steinpilzscheiben am Salatbukett anlegen, die Tomatenwürfel auf den Tellern verteilen. Mit Wildkräutern und Blüten dekorieren.

FÜR DIE BLATTSALATE:
300 – 400 g gemischte Blattsalate (vorzugsweise Rucola, Frisée, Radicchio, Lollo rosso, Lollo biondo)
1/4 TL mittelscharfer Senf
1 Eigelb
2 EL Aceto balsamico
2 EL Olivenöl
Salz, Pfeffer, Zucker

FÜR DIE GARNITUR:
eine Auswahl von Wildkräutern (z. B. Rosmarin, Thymian, Kerbel, Schnittlauch, Basilikum), alternativ Gartenkräuter
eine Auswahl von Blüten, je nach Saison

# Verzauberte Waldbeeren-körbchen

## Dessert

Für 4 Personen

FÜR DIE WEISSE
SCHOKOLADENMOUSSE:
50 g weiße Kuvertüre
1/2 Blatt Gelatine
1 Ei + 1 Eigelb
2 EL Zucker
ca. 2 EL Kirschwasser
150 g Sahne, geschlagen

FÜR DIE FRUCHTSAUCEN:
1 Kiwi
Zucker
etwas Weißwein
3 – 4 vollreife Aprikosen
80 g Himbeeren

FÜR DIE WALDBEEREN:
200 g gemischte (Wald-)Beeren
(Himbeeren, Heidelbeeren,
Johannisbeeren, Erdbeeren,
Brombeeren)
4 EL Grand Marnier
etwas Zucker
200 g Zartbitterkuvertüre
4 Zweige Minze

❯ Für die Schokoladenmousse die weiße Kuvertüre in einer Schüssel auf einem warmen Wasserbad auflösen. (Vorsicht, die Kuvertüre sollte nicht über 50 °C erhitzt werden.) Die Gelatine in kaltem Wasser einweichen. Ei, Eigelb und den Zucker auf dem warmen Wasserbad cremig schlagen, anschließend kalt schlagen.

❯ Das Kirschwasser leicht erwärmen und die eingeweichte, abgetropfte Gelatine darin auflösen. Die etwa 30 °C warme geschmolzene Kuvertüre in die Eischaummasse geben, ganz kurz verrühren, die aufgelöste Gelatine dazurühren, die Sahne unterheben und die Mousse anschließend für 3 – 4 Stunden kalt stellen.

❯ Die Waldbeeren mit Grand Marnier und etwas Zucker marinieren.

❯ Für die Fruchtsaucen die Kiwi schälen, in Stücke schneiden und mit etwas Zucker und wenig Weißwein aufkochen, kurz mixen und passieren. Die Himbeeren mit etwas Zucker aufkochen, mixen und passieren. Die Aprikosen entsteinen, vierteln, mit etwas Zucker und wenig Weißwein aufkochen, mixen und ebenfalls passieren.

❯ Alle 3 Saucen in Papiertütchen oder kleine Plastikspritzflaschen füllen.

❯ Die Zartbitterkuvertüre auf einem warmen Wasserbad bei geringer Hitze schmelzen. Eine starke Alufolie über die Außenseite von vier kleinen Zylinderformen (Timbales) ziehen und mit der temperierten Zartbitterkuvertüre gitterförmig bespritzen, so dass sich Schokoladenkörbchen abzeichnen. Die Kuvertüre erkalten lassen, mit der Folie von den Förmchen ziehen und anschließend die Folie vom Körbchen, vorsichtig nach innen ziehend, ablösen.

❯ Die Schokoladenkörbchen mit der weißen Mousse füllen, die marinierten Waldbeeren dekorativ auf und um das Körbchen platzieren. Die Fruchtsaucen abwechselnd in verschiedenen Formen zwischen die Beeren auf den Teller spritzen. Mit schönen Minzeblättern ausgarnieren.

Die Temperatur des Chiemsees liegt im März durchschnittlich bei sechs Grad. Doch nicht deshalb bedeutete der Start im Hotelrestaurant *Gut Ising* bei Chieming für Stefan Manier einen Sprung ins kalte Wasser. Als er im Frühjahr 99 hier als Küchenchef begann, hatte er zuvor „noch nicht mal als Souschef gearbeitet. Mit Lieferanten zu telefonieren – das kannte ich gar nicht!"

Heute bewältigt er Anforderungen dieser Art („Die Gäste möchten eine vierstöckige Hochzeitstorte mit Teuferl und Engerl darauf. Und unser Konditor ist im Urlaub!") souverän während des Interviews, hat dabei das Arrangement einer weiteren Hochzeit sowie die Abschlussfeier eines Golfturniers im Hinterkopf – und dennoch den Gesprächsfaden in keinem Augenblick verloren. Koch-Kunst: die Konzentration auf das Wesentliche – und die gleichzeitige Koordination unzähliger Kleinigkeiten, deren Wichtigkeit sich erst herausstellt, wenn sie einmal vergessen werden.

Das Schwierigste dabei seien nicht unerwartete Überraschungen, sondern die Erwartungen des Publikums. „Manche Leute kommen seit 30 Jahren hierher – und essen seit 30 Jahren dasselbe." Diese Gäste an seine Vorstellungen von „schöner, nein: wunderschöner Küche" heranzuführen, das Traditionelle mit dem Neuen flirten zu lassen, ist Maniers erklärtes Ziel. So bietet er neben den exquisiten gutbürgerlichen Standards des *Goldenen Pflugs* eine täglich wechselnde Karte – „in der koch' ich mich aus". Da serviert er Kreationen wie Rote-Bete-Kartoffelsalat mit Hummer und grünen Bohnen, Entenbrust auf Kürbisgemüse oder gratinierte Waldbeeren mit Kräutereis, die à la carte oder als Menü zu einem ausgesprochen freundlichen Gesamtpreis bestellt werden können. „So möchte ich die Leute dazu motivieren, wieder mehr und länger zu essen, sich Zeit zu nehmen für den Genuss."

„Klar: In der Gastronomie musst du viel arbeiten und privat zurückstecken." Dennoch hält er „Kochen für die größte Möglichkeit, sich selbst zu verwirklichen". Zu dieser Überzeugung gelangte er nach seiner Lehre in Bad Pyrmont unter anderem im *Carlton*, St. Moritz, bei Werner Matt in Wien und bei Heinz Winkler in Aschau. Jetzt liefert er den Beweis selbst immer

wieder neu: Zander mit Blutwurst-Kartoffelgröstl – was könnte hier fehlen? Ein Gang durch den Kräutergarten brachte die Inspiration – und jene Blätter frischer Minze, die dem Gericht bisher unbekannte Frische verleihen. Ein Dessert entstand nach einer nächtlichen Sekt-Runde an der Hotelbar, bei der die liebsten Süßigkeiten aus der Schulzeit beschworen wurden. Schokokussbrötchen! Die Delikatesse von einst vorm inneren Auge, füllte Stefan Manier tags drauf drei kleine Brötchen mit Mini-Dickmann's, gab Snickers-Eis sowie Amarettosahne dazu und präsentierte das Ganze unter dem schönen bayerischen Namen „Bumskopf-Semmeln".

„Es muss geil schmecken", sagt der Blonde mit dem nach oben gebürsteten Haarschopf so

# Von Teufeln, Engeln und Schokoküssen

schwärmerisch, dass das Wort alle Härte verliert. „Das ist mein einziges Kriterium. Ansonsten koche ich aus der Laune heraus."

Und die wird durch die Kulisse seines Schaffens extrem beeinflusst: Der gebürtige Bad Pyrmonter liebt die Alpen, die Seen, das Klima Bayerns:

„Ich fahre schon mal nach München oder Salzburg in die Disco, aber noch mehr brauche ich die Natur hier draußen. Die ganz heftige Action-Zeit", sagt der 28-Jährige ganz ernst, „liegt ja schon hinter mir."

So weit sein Job und sein großes Hobby Food-Fotografie es zulassen, steht Stefan Manier „beim ersten Schnee mit dem Snowboard auf dem Berg", nutzt die Chance, auf den hoteleigenen Anlagen Tennis, Polo oder Golf zu spielen („Mein Handicap? Interessiert mich nicht!") und begleitet seinen Lieblingsfischer auf den See. „Der denkt übers Fischen wie ich übers Kochen: Für den gibt es auch nichts Anderes!"

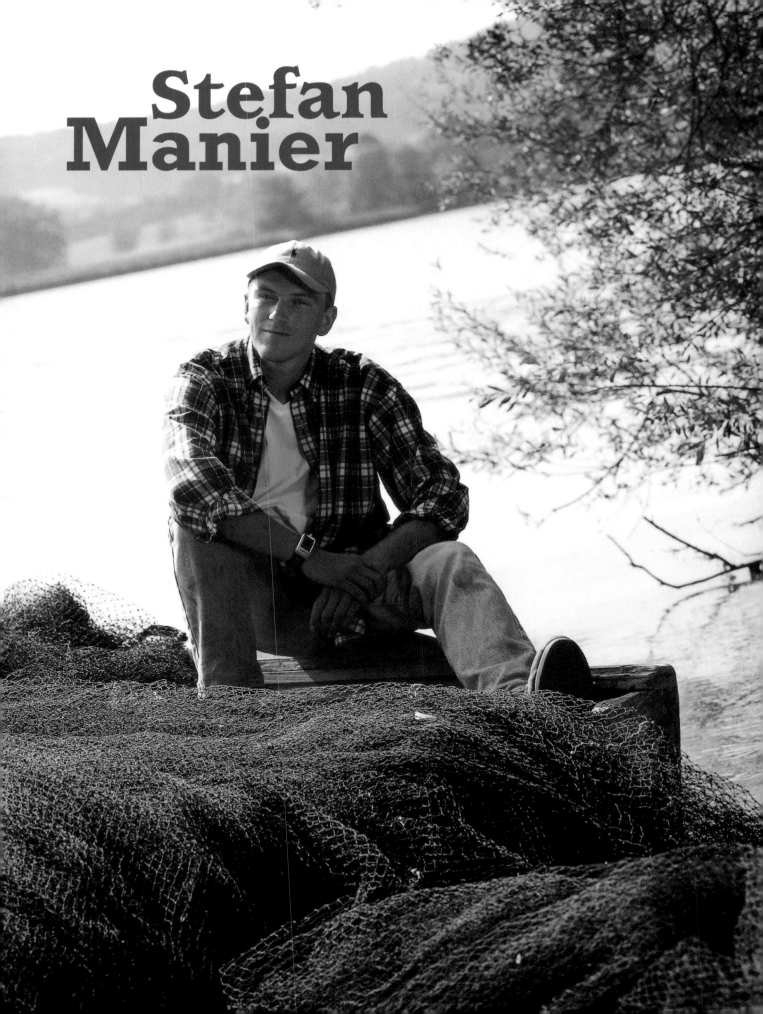

# Stefan Manier

**Mein Menü:**

> Sellerieschaumsuppe mit Trüffelöl
in der Sellerieknolle serviert

> Roulade von Lamm und Kaninchen
mit rosa Linsen

> Gratinierte Waldbeeren mit Kräutereis

# Sellerieschaumsuppe
## mit Trüffelöl
### in der Sellerieknolle
serviert

**Tipp:**
> Dieses interessante Gericht
lässt sich je nach Jahreszeit
auch mit anderen Gemüsen auf
die gleiche Weise herstellen.
Gut geeignet sind z. B. Kürbis,
Kohlrabi oder auch große Kartoffeln.

**Vorspeise**

Für 4 Personen

ZUTATEN:
4 Sellerieknollen à ca. 800 g
1 Staude Stangensellerie mit Blättern
50 g Schalotten, fein geschnitten
60 g Butter
Salz, Pfeffer aus der Mühle
1/8 l Weißwein, 80 ml weißer Portwein
1 l Hühnerfond
400 g Sahne, davon 2 EL geschlagen
einige Spritzer Zitronensaft
Trüffelöl
Fett zum Frittieren

❯ Von den geputzten, ungeschälten Sellerieknollen oben einen Deckel abschneiden. In der Mitte der Deckel ein Loch ausstechen und je 1 – 2 Sellerie-stangen mit Blättern hineinstecken; gut fixieren. Die Sellerieknollen auf der Wurzelseite gerade schneiden. Das Selleriefleisch bis auf eine etwa 1 cm breite Wand vorsichtig aus den Knollen herauslösen.
❯ Die Schalotten in der Butter anschwitzen. Sellerie-fleisch (550 g) in Stücken kurz mitschwitzen, salzen und pfeffern. Mit Weißwein und Portwein ablöschen und auf die Hälfte einkochen lassen.

❯ Den Hühnerfond und (flüssige) Sahne zugeben; alles etwa 15 Minuten kochen lassen. Mit Salz, Pfeffer und Zitronensaft abschmecken, die Suppe pürieren und durch ein feines Sieb passieren. Aufkochen, geschla-gene Sahne hineingeben und die Suppe mit dem Mix-stab schaumig aufmixen. 1 Schuss Trüffelöl beigeben.
❯ Ausgehöhlte Sellerieknollen vorwärmen. Das übrige Selleriefleisch in sehr feine Streifen schneiden, kurz in reichlich Fett frittieren, abtropfen lassen. Suppe in die Knollen gießen, die Deckel auflegen und das Sellerie-grün mit den gebackenen Selleriestreifen umlegen.

# Roulade von Lamm und **Kaninchen**
### mit roten Linsen

**Hauptgang**

Für 4 Personen

FÜR DIE SAUCE:
1 kg gehackte Lammknochen
5 Schalotten, 1 Staude Stangensellerie
2 Knoblauchzehen
1 Zweig Rosmarin, 3 Zweige Thymian
Salz, einige Pfefferkörner
1 EL Tomatenmark
3/4 l Rotwein, 3/4 l Weißwein, 1/4 l Madeira
50 g Butter

FÜR DIE ROULADE:
2 Stück Kaninchenrücken (ganz, mit Knochen)
1 Stück Lammrücken, ausgelöst
Salz, Pfeffer aus der Mühle
1–2 Zweige Thymian + einige Thymianblättchen
1 Knoblauchzehe, halbiert, 2 EL Olivenöl
einige blanchierte Spinatblätter

FÜR DIE FARCE:
50 g Poulardenbrust
4 EL Sahne, 1 Eiweiß
Salz, Pfeffer aus der Mühle

FÜR DIE LINSEN:
1 EL Butter
1 Knoblauchzehe, fein gehackt
1 Schalotte, fein gewürfelt
je 1 orange und gelbe Karotte (ersatzweise
2 orange Karotten), fein gewürfelt
1 kleine Lauchstange, fein gewürfelt
150 g rote Linsen
Salz, Pfeffer aus der Mühle
1/2 TL Senf, 2 Kapern
1 EL weißer Aceto balsamico
60 ml Weißwein, 1/4 l Geflügelbrühe
1 EL gehackte Petersilie
2 EL geschlagene Sahne

❯ Für die Sauce den Backofen auf 180 °C vorheizen. Die Lammknochen in einem Bräter im heißen Ofen anrösten. Nach 20–30 Minuten das ausgetretene Fett abgießen und die Knochen nochmals rösten. Das grob zerkleinerte, ungeschälte Gemüse und die Gewürze beigeben, das Tomatenmark unterziehen und kurz mitrösten. Den Bräter auf die heiße Herdplatte stellen, jeweils die Hälfte Rot- und Weißwein angießen und fast vollständig reduzieren. Dann 2 l Wasser angießen und den Fond bei schwacher Hitze offen etwa 1/2 Tag kochen lassen. Dabei, wenn nötig, immer wieder Wasser auffüllen, so dass am Ende etwa 1/2 l Lammfond übrig bleibt.

❯ Die Kaninchenrücken mit einem spitzen scharfen Messer, von den Rippen beginnend, auslösen. Die Filets und die Bauchlappen dürfen nicht durchtrennt werden. Die Bauchlappen zwischen 2 Frischhaltefolien leicht platieren.

❯ Den Lammrücken halbieren, mit Salz und Pfeffer würzen und zusammen mit 1–2 Thymianzweigen und dem Knoblauch im heißen Olivenöl kurz anbraten, dann kalt stellen.

❯ Für die Farce die Poulardenbrust mit Sahne, Eiweiß, Salz und Pfeffer pürieren und durch ein feines Sieb streichen.

❯ Die Kaninchenrücken mit Salz, Pfeffer und Thymian würzen. Mit der Farce bestreichen und mit Spinatblättern belegen. Den Lammrücken in die Mitte legen, dann die Bauchlappen einschlagen, so dass eine Rolle entsteht. Diese in Frischhaltefolie und dann in Alufolie einrollen. Einige Löcher einstechen, dann die Folie an den Seiten eng aufdrehen.

❯ Für das Linsengemüse die Butter in einem Topf zerlaufen lassen und das Gemüse mit den Linsen darin anschwitzen. Mit Salz und Pfeffer würzen. Senf und Kapern dazugeben und mit Aceto balsamico ablöschen. Mit Weißwein auffüllen und einkochen lassen, dann die Geflügelbrühe angießen und die Linsen langsam gar kochen. Nochmals abschmecken und kurz vor dem Anrichten Petersilie und Sahne dazugeben.

❯ Für die Sauce den Madeira sowie den restlichen Rot- und Weißwein reduzieren, bis die Konsistenz sämig ist. Mit dem Lammfond durch ein feines Sieb zugießen und das Ganze auf die Hälfte reduzieren. Die Butter zugeben, die Sauce kurz aufkochen lassen; mit dem Mixstab aufmixen und abschmecken.

❯ Einen Topf mit Wasser aufstellen und das Wasser auf etwa 90 °C erhitzen. Die Kaninchenroulade darin etwa 15 Minuten garen. Zur Garprobe mit dem Rouladenspieß einstechen und dann die Temperatur an der Unterlippe fühlen. Sie sollte nicht heißer als lauwarm sein.

❯ Die Roulade aus der Folie rollen und in etwa 2 cm dicke Scheiben schneiden. Das Linsengemüse auf den Tellern anrichten, je 3 Scheiben von der Roulade auf die Linsen setzen und die Sauce außen herumträufeln.

# Gratinierte Waldbeeren mit Kräutereis

**Tipp:**
❯ Sollten Sie keinen Ofen mit ausreichend Oberhitze haben, eignet sich zum Garen und Bräunen der Gratinmasse auch sehr gut ein Bunsenbrenner, den es in jedem Baumarkt für wenig Geld zu kaufen gibt.

## Dessert

Für 4 Personen

FÜR DAS KRÄUTEREIS:
150 ml Milch, 350 g Sahne
1 Vanilleschote
4 Sternanis
je 1 Zweig Zitronenmelisse, Minze,
Rosmarin und Oregano
1 Bund Kerbel
4 Eigelb
100 g Zucker, 2 EL Honig

FÜR DIE GRATINMASSE:
3 Eigelb, 40 g Puderzucker
Mark von 1 Vanilleschote
abgeriebene Schale von
1 unbehandelten Zitrone
100 g Quark
150 g Mascarpone
1 EL Speisestärke
150 g Sahne, geschlagen

FÜR DIE BEEREN:
je 200 g Walderdbeeren, Heidelbeeren, Brombeeren und Himbeeren
einige Zweige Minze für die Dekoration

❯ Für das Eis Milch und Sahne mit ausgekratztem Vanillemark und den Schotenhälften aufkochen, dann Sternanis und Kräuter einlegen; vom Herd nehmen und etwa 10 Minuten ziehen lassen.
❯ Die Eigelbe mit dem Zucker und dem Honig verrühren und die Milch-Sahne-Mischung durch ein feines Sieb auf die Eier passieren. In einer Rührschüssel über Wasserdampf ständig rühren, bis das Eigelb stockt und so die Masse bindet.
❯ Die Eismasse in ein Gefäß von etwa 1 l Inhalt füllen und im Eisschrank gefrieren lassen. Nach 4 – 5 Stunden das Eis herausnehmen, im Mixer kurz aufmixen und nochmals einfrieren. Diesen Vorgang noch drei- bis viermal wiederholen, so wird das Eis schön locker und geschmeidig.
❯ Für die Gratinmasse die Eigelbe mit dem Puderzucker, dem Vanillemark und der abgeriebenen Zitronenschale über Wasserdampf aufschlagen und dann auf Eis kalt rühren. Quark, Mascarpone und Stärke vorsichtig unterheben und die Masse kalt stellen.
❯ Den Ofen auf starke Oberhitze vorheizen. Die gewaschenen Beeren in tiefen Suppentellern verteilen. Die geschlagene Sahne unter die kalte Gratinmasse heben, die Masse über den Beeren verteilen und im heißen Ofen kurz auf der obersten Schiene gratinieren. Jeweils 1 Kugel Kräutereis in die Mitte geben, das Dessert mit etwas Minze dekorieren und sofort servieren.

Noch bevor der Chef de Cuisine für die neue Küche Töpfe kaufte, erwarb er eine Stereo-Anlage; und seine Crew sucht er bis heute nach dem Anspruch aus: „Die müssen meine Musik mögen". Seit Stefan Marquard 1991 in den *Drei Stuben* in Meersburg startete, gilt er als der Punk unter Deutschlands Meisterköchen – und wie wahrer Punk niemals stirbt, bleibt auch Marquard seinem Stil treu: Weil dieser keiner Mode folgt, sondern seiner Lust, so zu leben, zu arbeiten und nicht zuletzt zu kochen.

# Haarsträubend
# fantastisch

Gäbe es also einen internen Wettbewerb, bei dem der wildeste „Junge Wilde" gekürt würde, hieße der Sieger zweifelsohne Stefan Marquard. Nur in zweiter Linie aus dem Grund, weil der 35-Jährige mit den langen schwarzen, von einem Zopfgummi mühsam gebändigten Haaren, dem Stirnband und den „versauten T-Shirts" äußerlichen Konventionen am wenigsten entspricht. In erster Linie deshalb, weil Marquard kulinarisch keine Kompromisse kennt. „Abgefahren, ideenreich, ausgeflippt" nennt er seine Küche, „oft auf oder unter der Gürtellinie" – und immer der kritischen Frage unterworfen: „Gab's das etwa schon mal?"

Die Kompositionen, die Marquards Dreamteam („keine Angestellten, sondern Freunde") in Openend-Nachtsitzungen zusammenstellt, „klingen haarsträubend", wie der Chef einräumt – „und schmecken fantastisch": Steinbutt mit gebratener Blutwurst und Champagnerkutteln oder Mango-Chili-Spaghetti in Zitronengras-Kokos-Kaltschale mit Basilikum-Tomateneis gehören zu den inzwischen berühmt gewordenen Kreationen, die dem Gault Millau 2000 die Auszeichnung „Innovativster Koch des Jahres" wert waren. Für die Crew gilt übrigens das gesprochene Wort: Schriftliche Rezepte finden sich nicht in Marquards Küche, sondern nur in ausgesuchten Publikationen, wie auf den nachfolgenden Seiten dieses Buches.

Eigentlich wollte der Tüftler ja Elektriker „oder Treppenbauer" werden, doch mangels Lehrstelle entschied er sich für eine Ausbildung als Koch. Um die Wartezeit vor dem Start im Würzburger *Rebstock* zu überbrücken, steckte ihn der Vater in eine Metzgerlehre. Im Rückblick „schon geil": Wer gelernt hat, wöchentlich 135 verschiedene Sorten Wurst herzustellen, wird entwe-

der Vegetarier – oder interessiert sich für immer neue Facetten der Fleisch-Verarbeitung. Asien-Fan Marquard hat schon mal ein Sieben-Gänge-Menü vom Hund („drei gut, zwei nichts sagend, zwei ungenießbar") probiert; und kennt nur noch eine unerfüllte Fleisches-Lust: japanisches Kobi-Beef – von einem mit klassischer Musik und Handmassagen verwöhnten Rind, „mit Reiswein gewaschen, mit Bier getränkt ..."

Traditionelles atemberaubend variieren kann nur, wer es wirklich kennt: Neben der rustikalen Kost seiner fränkischen Heimat liebt der Ausnahmekoch die Cucina casalinga, die originäre italienische Küche. Als ihn Adalbert Schmitt von den *Schweizer Stuben* in Wertheim zu Praktika in zwölf der besten Restaurants Italiens schickte, eignete sich Marquard diese besondere Fähigkeit an: „Das Einfachste auf den Punkt bringen. Das ist der Hammer."

„Irgendwann weltweit kochen zu können und überall Spaß zu haben" – so lautet das Fernziel, das der Vielgereiste mit den „Jungen Wilden" realisieren möchte (Baby Leon Simon hat bereits acht Flüge und zwei Törns hinter sich). Im deutschen Alltag wünscht er sich vom Freundeskreis vor allem mehr Radikalität: „Wir müssen so durchgeknallt sein, dass wir die Leute provozieren, schockieren, begeistern." Warum nicht eine Dinnereinladung, bei der dann ausschließlich „Wienerle" gereicht werden – und alle bekommen ihr Geld zurück? Oder eine Poolparty mit einem Wasserbüffet, nur schwimmend erreichbar?

Marquard könnte das schaffen. Ihm traut man ohnehin alles zu. Als er bei einem Event kürzlich den Kopf aus der Küche steckte und sich beiläufig erkundigte, ob es unter den Anwesenden eigentlich jemand gäbe, der keine Lammhoden isst, hoben zaghaft erst einige, schließlich alle den Finger. „Die haben mir tatsächlich geglaubt", sagt der Punk kopfschüttelnd, „dabei ist das doch verboten!"

Stefan
**Marquard**

**Mein Menü:**

> ❯ **Hummerleberkäse mit Bisquecocktail, Gänseleberbrot und schwarzem Senf**

> ❯ **Vitello–tonnato–Röllchen und Krakenbolognaise auf mariniertem Kalbskopf**

> ❯ **Blaukraut–Birnen–Lasagne mit Portwein–Chili–Eis und süßem Pesto**

# Hummerleberkäse
## mit Bisquecocktail,
# Gänseleberbrot und schwarzem Senf

**Vorspeise**

Für 4 Personen

ZUTATEN:
30 g Gänseleber
Salz, Pfeffer
etwas 5-Gewürz-Pulver
4 EL Sauternes
je 120 ml Portwein, Madeira, Sherry und Cognac
200 g Frischkäse
3 Blatt Gelatine
2 Hummer, gekocht und ausgebrochen (+ Karkassen)
1 Stange Lauch, die Blätter blanchiert
1 Zwiebel, grob gehackt
1 Karotte, grob geschnitten

4 Tomaten, grob gewürfelt
1/4 l Geflügelfond
250 g Sahne
Salz, etwas Zucker zum Abschmecken
1 Sternanis
1 kleines Bund Estragon
80 g Butter
4 Scheiben Graubrot
1 Knoblauchzehe, halbiert
50 g schwarze Senfkörner
50 g Zucker
80 ml schwarzer Aceto balsamico
4 EL Rotwein
1 TL englisches Senfpulver
1 TL Dijonsenf
4 EL Öl

> 1/3 der Gänseleber in 1 cm große Würfel schneiden und mit Salz, Pfeffer, 5-Gewürz-Pulver, Sauternes und jeweils der Hälfte der anderen Alkoholika über Nacht einlegen.
> Dann den Mariniersud auf 1/4 einkochen und mit dem Frischkäse glatt rühren. Die Gelatine in kaltem Wasser einweichen und ebenfalls einrühren. Den Hummer und die marinierten Gänseleberwürfel darunter mischen. Alles in eine schmale Terrinenform, die mit dem blanchiertem Lauch ausgelegt ist, geben; 3–4 Stunden kalt stellen.
> Für den Bisquecocktail die Hummerkarkassen mit Zwiebel, Karotte und Tomaten anschwitzen, mit den restlichen Alkoholika ablöschen. Den Geflügelfond daraufgeben und zur Hälfte einkochen.

> Sahne dazugeben, mit Salz, Zucker, Sternanis und Estragon würzen und 30–45 Minuten leicht köcheln lassen. Sauce abpassieren, mit Butter aufmixen; in Cocktailgläser geben.
> Das Graubrot auf beiden Seiten goldgelb rösten und mit Knoblauch abreiben. Mit der dünn geschnittenen restlichen Gänseleber belegen, salzen und pfeffern.
> Die Senfkörner mit Wasser bedecken, dann mit 50 g Zucker, Essig und Rotwein sirupartig einkochen, Senfpulver und Dijonsenf zugeben, mit Öl aufmontieren, salzen und pfeffern.
> Den Hummerleberkäse in Scheiben schneiden, auf jeden Teller 1 Scheibe legen, dazu 1 Scheibe Gänseleberbrot, die Senfsauce im Tütchen beilegen. Den Bisquecocktail dazu servieren.

# Vitello-tonnato-Röllchen
## und Krakenbolognaise
### auf mariniertem
# Kalbskopf

**Hauptgang**

Für 4 Personen

ZUTATEN:
400 g Kalbskopfmaske
200 g Zwiebeln
1 EL Senf
Salz, Pfeffer
1 kleine Karotte, in Scheiben geschnitten
6–8 Schalotten, in Ringe geschnitten
150 g Stangensellerie
mit Grün, die Stangen in Streifen geschnitten
50 ml weißer Aceto balsamico
etwas Zucker, 2 Lorbeerblätter
400 g Kalbsrücken
200 g Thunfischfilet
gemahlene Koriandersamen
60–80 g Tandoorigewürz
Öl zum Braten
je 1 gelbe und grüne Zucchini, in
hauchdünne Scheiben geschnitten
1 Knoblauchzehe
600 g Krake
1/2 l Weißwein, 50 ml Olivenöl
5 Fleischtomaten als tomate concassée
gehackte Rosmarinnadeln und
Thymianblättchen
1 kleine Chilischote, entkernt und
in feine Streifen geschnitten
1 Zitrone, geviertelt
50 g Parmesan, gehobelt
40 g Pinienkerne, geröstet

❯ Das Kalbskopffleisch mit etwas von den Zwiebeln spicken und in leicht gesalzenem Wasser weich kochen. Herausheben, mit Senf bestreichen, salzen, pfeffern, zusammenrollen und pressen.

❯ Karotte, Schalottenringe und Stangenselleriestreifen im Kalbssud weich kochen. Aceto balsamico dazugeben und die Beize mit Salz, Pfeffer, Zucker und Lorbeer abschmecken.

❯ Vom Kalbsrücken 4 etwa 1 cm dicke Scheiben abschneiden, salzen und pfeffern. Den Thunfisch mit Salz, Pfeffer und Koriander würzen, in Tandoorigewürz wälzen, kurz anbraten.

❯ Die Zucchinischeiben leicht salzen, auf die Kalbsrückenscheiben legen, den Thunfisch daraufsetzen, in das Kalbfleisch einschlagen, mit einem Holzspieß fixieren. Die Röllchen über Nacht in die lauwarme Beize geben und kalt stellen.

❯ Den Backofen auf 160 °C vorheizen. Die Kalbfleischröllchen aus der Beize nehmen, mit der Knoblauchzehe anbraten und für 5–8 Minuten auf ein Gitter in den heißen Ofen geben.

❯ Die Krake in 1/2 l Wasser und dem Weißwein weich kochen, mit dem restlichen Kalbfleisch durch den Wolf drehen. Die restlichen Zwiebeln sehr fein würfeln und in 1 Esslöffel Olivenöl anschwitzen. Tomatenwürfel, gehackten Rosmarin und Thymian dazugeben. Mit Chilistreifen nach Geschmack würzen, einköcheln und mit Salz, Pfeffer, Zucker abschmecken.

❯ Die Kalbskopfrolle in etwa 3 cm dicke Scheiben schneiden, auf Teller verteilen, salzen, pfeffern und mit Zitrone abtupfen. Das restliche Olivenöl darüber geben. Auf jeden Teller 1 durchgeschnittenes Vitello-tonnato-Röllchen geben, dazu Krakenbolognaise. Mit fein geschnittenem Selleriegrün, Parmesanspänen und den Pinienkernen garnieren.

# Blaukraut-Birnen-Lasagne
## mit Portwein-Chili-Eis
## und süßem Pesto

### Dessert

Für 4 Personen

FÜR DIE BLAUKRAUT-
BIRNEN-LASAGNE:
3 Williams-Birnen
etwa 200 ml Weißwein
Saft von 2 Zitronen
2 EL Zucker
2 Vanilleschoten, 1 Sternanis
4 EL Williamsbrand
300 g Blaukraut (Rotkohl),
sehr fein geschnitten
1/4 l Rotwein
Saft von 3 Orangen
3 EL Himbeeressig
1 EL Honig

FÜR DAS EIS:
3 Chilischoten
60 ml weißer Portwein
120 g Zucker
Mark von 1 Vanilleschote
3 Eigelb, 60 g Butter

FÜR DAS SÜSSE PESTO:
50 g Basilikumblätter
1 Zitrone
2 EL geschmolzene weiße
Kuvertüre
10 g Pinienkerne
4 EL Traubenkernöl
2 EL Zuckersirup
2 EL geriebener Parmesan

FÜR DIE SAUCE:
1/8 l Aceto balsamico
4 EL Williamsbrand

❯ 2 Birnen schälen, halbieren, das Kerngehäuse entfernen
und die Birnenhälften in einem Sud aus Weißwein, Zitronensaft, 1 Esslöffel Zucker, einer halbierten Vanilleschote, Sternanis und Williamsbrand weich kochen; kalt stellen.
❯ Den Backofen auf 180 °C vorheizen. Die übrige Birne der
Länge nach in 1 mm dicke Scheiben schneiden, auf ein Blech
setzen und mit etwas Birnenfond begießen. Dann für etwa
10 Minuten abgedeckt in den Ofen schieben. Herausnehmen,
den Backofen auf 50–70 °C herunterkühlen lassen, die
Birnenscheiben auf Backpapier legen und im Ofen trocknen.
❯ Den restlichen Zucker in einem Topf bei milder Hitze
schmelzen lassen, unter Rühren zu hellem Karamell kochen,
das Blaukraut daraufgeben und Wasser ziehen lassen.
❯ Rotwein, das Mark der übrigen Vanilleschote, Orangensaft
und Himbeeressig zum Blaukraut geben. Dies nun trocken
kochen, dann den Honig dazugeben und kalt stellen.
❯ Für das Eis die Chilischoten von den Kernen befreien und in
feinste Streifen schneiden. Diese mit Portwein, Zucker und
Vanillemark aufkochen. Etwas abkühlen lassen, Eigelbe und
Butter unterrühren und dann gefrieren lassen.
❯ Etwa 1/4 l Blanchiersud von den Birnen mit Aceto balsa-
mico und Williamsbrand sirupartig einkochen und kalt stellen.
❯ Für das Pesto alle Zutaten fein mixen.
❯ Die Birnenhälften fächern und auf 4 Tellern anrichten, etwas
Balsamicosauce angießen. Das Kraut mit den Birnenkristalli-
nen danebenschichten, dazu je 1 Kugel Eis und daneben
etwas süßes Pesto geben.

# Entdeckungsreisen in die
# Sinnlichkeit

Selbstverständlich mussten die beiden Vierbeiner mit aufs Bild: „Brioche", der so heißt, weil er wie ein Gebäckstück aufgegangen ist; und „Caramel", die süße, hübsche Wolfshündin. Aber der Stuhl? Das Möbel gehört ebenso zu Frank Oehler wie die pelzigen Freunde: Ein Freund hat das Modell 1994 konstruiert, „und dann habe ich mein Lokal drumherum gebaut." So also entstand *D'Rescht*, Oehlers 30-Plätze-Restaurant in seinem Heimatort Hawangen.

Helles Holz in schlichten Designs, Glasbausteine, weiße Mauern: „Mein Stück Zen im Allgäu", sagt der 1998 als Gault-Millau-„Entdeckung des Jahres" Gepriesene grinsend – und erzählt von den asiatischen Momenten in seiner bewegten Laufbahn: Nach der Ausbildung im *Gasthof Adler* in Rummeltshausen, Jobs unter anderem im *Restaurant Benz* in Kempten, in den *Schweizer Stuben* in Wertheim, bei Anton Mosimann in London und bei Bertold Siber in Konstanz ging der 1,86-Meter-Mann („Insofern bin ich natürlich ein großer Koch!") nach Japan. In den besten Restaurants Tokios sollte er den Dialog zwischen Sushi und Haute Cuisine weiter entwickeln – doch dieses Gespräch kam wegen Verständigungsschwierigkeiten nie in Gang. „In der Küche standen nur Oma und Opa, die kein Wort Englisch oder Französisch konnten." Oehler, der so schnell redet wie andere Köche Kräuter hacken, hielt zwei Schweige-Wochen durch – und bestieg dann ein Flugzeug Richtung Hawaii.

Dass ihn sein Weg irgendwann wieder in das 800-Seelen-Dorf, in dem er vor 35 Jahren geboren wurde, und vor allem in *D'Rescht* führen würde, hält „FO" ohnehin für schicksalsgegeben: Schließlich hatten sich seine Eltern in der kleinen Wirtschaft, einer ehemaligen Bahnstation, kennen gelernt. An diese erinnert heute allerdings nichts mehr – nicht nur beim Interior Design: Oehler, der Dieter Müller und Michael Bader als kulinarische Ziehväter bezeichnet, pflegt eine „sinnliche Küche", lädt seine Gäste jeden Abend zur „Entdeckungsreise": Zu gebackenen Kalbsbries-Cannelloni etwa reicht er einen extravaganten Salat von rohen Artischocken, Tomaten und Koriander-Pisou, zu Coquilles St. Jacques eine Vanillepeperonata mit Frühlingszwiebelrisotto und Pinienschmelze; zum pochierten Rinderfilet Tamarillos, Sezchuan-Pfefferjus und Zucchini-

Gnocchi. Kombinationen wie Vanille mit Kräutern oder Steinbutt mit Holunder und Meerrettich nennt er „liebenswert willkürlich", und doch entsprechen sie seiner ganz eigenen Harmonielehre: „Zutaten dürfen nicht vergewaltigt werden und sie müssen zueinander passen."

Wie sein Freund Stefan Marquard („Wir sind das bizarre Element der ‚Jungen Wilden'") verzichtet der Robert-Musil-Fan im Job auf Schriftliches: Rezepte verschlampe er grundsätzlich, gesteht er mit entschuldigendem Lächeln und Kochbücher langweilten ihn. Die Kreationen für dieses Buch sind ihm beispielsweise im Urlaub in einem spanischen Kloster eingefallen.

Dass er Talent besitze, sagt der Bruder einer Akademikerin und eines Akademikers („intellektuelle Hardcore, die beiden!"), habe er schon immer gewusst – „nur nicht genau, worin es besteht." Vor seiner Kochlehre hat er sich besonders für bildende Kunst interessiert, davon zeugen noch heute Bronzeskulpturen und selbst angefertigte Objekte wie eine „schwebende Bibliothek".

Hier erlaubt sich der multikreative Maître, was er sich und seinen zwei Mitarbeitern in der Küche nie gestatten würde: „Sachen ohne Sinn".

Gerade tüftelt er an einem speziellen Gästebuch – derart verschraubt, dass es sich nicht öffnen lässt.

Irritationen liebt er, „permanentes In-Frage-Stellen" findet er wichtig. Frank Oehler versieht seine Initialen mit drei filigranen Strichen, die im Japanischen sowohl für „immer" als auch für „jetzt" stehen. „Viele Menschen erfinden irgendwann eine Geschichte, die sie für ihr Leben halten", zitiert er Max Frisch – „bei mir ist es umgekehrt". Und er erzählt, dass die Mode-Designerin Gabriele Strehle sein Kindermädchen gewesen sei. Dass der große Designer Otl Aicher auch aus seiner Gegend stamme. Und dass der Stuhl seines Freundes längst in Produktion gegangen und bereits 7000 Mal verkauft worden sei.

# Frank
## Oehler

## Mein Menü:

> Carpaccio vom Ochsenrücken mit Tomatengelee, frittierten Artischocken und Rucolapistou

> Dorade mit Kalbsbries, Vanillebutter und Kartoffelbaumkuchen

> Gratinierter Weinbergpfirsich mit Lavendeleis und Honig–Rosmarin–Sabayon

**Tipp:**
> Dazu passt gut in Olivenöl gebratene Avocado mit etwas geriebenem Parmesan gratiniert und sautierter Friséesalat mit frischem Ingwer, etwas Zucker und Zitronensaft gewürzt.

# Dorade mit Kalbsbries, Vanillebutter und Kartoffelbaumkuchen

### Hauptgang

Für 6 Personen

FÜR DIE DORADE:
6 Scampi, (geschält und entdarmt)
Salz, abgeriebene Schale von 1 unbehandelten Zitrone
scharfes Currypulver
100 g Sahne, geschlagen
400 g Kalbsbries (1/2 Stunde gewässert, dann in Salzwasser etwa 5 Minuten gekocht, abgetropft und abgekühlt)
Pfeffer, etwas Mehl
Butter und Sesamöl zum Braten
100 g kleine Weißbrotwürfel
etwas Schnittlauch, in Röllchen geschnitten
3 Doraden à ca. 500 g (filetieren lassen)

FÜR DIE VANILLEBUTTER:
40 g Butter + 100 g kalte Butter in Würfeln
Mark von 2 Vanilleschoten
60 ml Noilly Prat
1/4 l Geflügel- oder Fischfond
Salz, Zucker, Muskat
weißer Aceto balsamico nach Belieben

FÜR DEN KARTOFFELBAUMKUCHEN:
400 g mehlig kochende Kartoffeln
1 Lorbeerblatt, 1 TL Kümmelsamen, Salz
50 g Butter + Butter für die Form
100 g Crème fraîche
5 Eier, getrennt

> Die Scampi gut gekühlt pürieren, etwas Salz, abgeriebene Zitronenschale und Curry dazugeben, die Sahne unterheben. Die Scampimasse kühl stellen. Vom Kalbsbries die Haut entfernen, das Bries in kleine Würfel schneiden, salzen, pfeffern, mehlieren und in Butter mit etwas Sesamöl goldgelb anbraten. In einer zweiten Pfanne die Brotwürfel in etwas Fett goldgelb rösten; auskühlen lassen.
> Den Backofen auf 190 °C vorheizen. Scampimasse, Bries und Croûtons vermengen und mit Schnittlauch verfeinern. Die Masse auf die 6 Doradenfilets streichen und diese für etwa 12 Minuten in den heißen Ofen schieben.
> Für die Sauce 40 g Butter mit dem Vanillemark aufschäumen, mit Noilly Prat ablöschen, den Fond dazugeben, um die Hälfte reduzieren. Die Sauce mit Salz, Zucker und Muskat abschmecken. Mit dem Mixstab die kalte Butter in die Reduktion mixen, eventuell mit Aceto balsamico verfeinern.

> Für den Kartoffelbaumkuchen die Kartoffeln mit der Schale in Salzwasser mit Lorbeerblatt und Kümmel garen, abschrecken und pellen. Die Kartoffeln zerdrücken und bei 100 °C im Backofen ausdampfen lassen, dann durch die Kartoffelpresse drücken. Butter und Crème fraîche dazugeben, die Eigelbe unterrühren. Eiweiße steif schlagen und erst unter die Masse ziehen, wenn sie abgekühlt ist.
> Den Backofengrill vorheizen. Eine kleine rechteckige Auflaufform mit gebuttertem Backpapier auslegen, darin eine dünne Schicht Kartoffelmasse gleichmäßig verstreichen und unter dem Grill gratinieren. Eine weitere Schicht aufstreichen, wieder gratinieren. So fortfahren, bis die Masse verbraucht ist – es sollten maximal 10 Schichten sein. Den Kartoffelbaumkuchen etwa 5 x 5 cm würfeln.
> Auf den Tellern je 1 Doradenfilet mit Füllung und 1 Stück Kartoffelbaumkuchen anrichten, die Vanillebutter angießen.

# Carpaccio vom Ochsenrücken mit Tomatengelee, frittierten Artischocken und Rucolapistou

## Vorspeise

Für 6 Personen

**FÜR DAS CARPACCIO:**
500 g gut abgehangenes Stück vom Ochsenrücken oder Filet
Salz, Pfeffer
Olivenöl + Aceto balsamico zum Bestreichen

**FÜR DAS TOMATENGELEE:**
1 kg vollreife Strauchtomaten
1 Knoblauchzehe
Salz, Selleriesalz, Pfeffer
etwas brauner Zucker
einige Blatt Gelatine

**FÜR DAS RUCOLAPISTOU:**
500 g Rucola mit intensivem Geschmack
Salz
150 ml Olivenöl extra vergine
1–2 EL geriebener Parmesan + frisch gehobelter Parmesan für die Garnitur
1–2 EL gehackte Pinienkerne, geröstet

**FÜR DIE FRITTIERTEN ARTISCHOCKEN:**
3 große Artischocken
etwas Zitronensaft
Fett zum Frittieren
Salz

❯ Den Ochsenrücken längs halbieren, das Fleisch in etwa 1 mm dicke Scheiben schneiden und 6 kalte Teller vollständig und gleichmäßig damit auslegen.

❯ Für das Tomatengelee die Tomaten enthäuten, vierteln, die Kerne aus dem Fruchtfleisch lösen und beiseite stellen. Das Fruchtfleisch mit der durchgepressten Knoblauchzehe, Salz, Selleriesalz, Pfeffer und Zucker abschmecken. Die Kerne mit dem geleeartigen Fleisch darum mit dem Mixstab kurz anmixen; dabei dürfen die Kerne nicht platzen – durch ein Sieb zum Fruchtfleisch passieren.

❯ Die Tomatenmasse im Mixer fein pürieren und in ein sauberes nasses Passiertuch schütten. Das Passiertuch zubinden und die Tomatenmasse über einer Schüssel abtropfen lassen. Wenn alles abgetropft ist, den Saft kurz aufkochen und dabei Trübstoffe abschöpfen. Den Tomatensaft in einen Messbecher schütten. Soviel Gelatine wie nötig – man rechnet pro 1/2 l Tomatensaft 5 Blatt – einweichen, im heißen Saft auflösen und diesen dann kalt stellen.

❯ Für das Pistou Rucola mitsamt Stielen in Salzwasser etwa 4 Minuten kochen lassen, mit Eiswasser abschrecken, im Sieb abtropfen lassen und gut ausdrücken. Anschließend im Mixer zusammen mit dem Olivenöl fein pürieren. Mit Salz abschmecken, geriebenen Parmesan und Pinienkerne unterrühren.

❯ Die Artischockenböden mit einem Messer freilegen und mit etwas Zitronensaft einreiben, anschließend in etwa 1 mm starke Scheiben schneiden. Diese in 160 °C heißem Frittierfett goldgelb ausbacken und leicht salzen.

❯ Das Carpaccio leicht mit Salz und Pfeffer würzen und zweimal mit einer Mischung aus Olivenöl und Aceto balsamico bestreichen. Das Tomatengelee in kleine Würfel schneiden, auf das Carpaccio geben und mit Rucolapistou beträufeln. Die frittierten Artischockenscheiben dekorativ darauf verteilen; alles mit frisch gehobeltem Parmesan garnieren.

## Tipp:

❯ Dazu passen gut Avocadocrostini: Das Fleisch einer Avocado zermusen, mit etwas kurz angeschwitzter Schalottenbrunoise und Olivenöl vermischen, mit Currypulver, Aceto balsamico, Salz, Pfeffer und etwas geriebenem Parmesan abschmecken. Dünne, schräg geschnittene Scheiben Baguettebrot anrösten und mit der Avocadopaste bestreichen.

# Gratinierter Weinbergpfirsich
## mit Lavendeleis
### und Honig-Rosmarin-Sabayon

## Dessert

Für 6 Personen

ZUTATEN:
6 Weinbergpfirsiche
1/4 l weiße Beerenauslese
Mark von 1 Vanilleschote
Saft von 1 Zitrone
etwas Speisestärke
einige Zweige Minze für die Garnitur

FÜR DAS LAVENDELEIS:
6 Eigelb
150 g Zucker
1/4 l Milch
20 g Lavendelblüten frisch
oder getrocknet
abgeriebene Schale von 1
unbehandelten Orange
100 g Crème fraîche
250 g Sahne, geschlagen

FÜR DIE SABAYON:
6 Eigelb
100 ml weißer Portwein
100 g Waldhonig
abgeriebene Schale von
1 1/4 – 1 1/2 Zitronen
20 g gehackte Rosmarinnadeln

> Die Pfirsiche kurz blanchieren, die Haut abziehen und die Früchte halbieren. Das Fruchtfleisch fächrig schneiden.
> Den Wein mit Vanillemark und Zitronensaft auf etwa die Hälfte reduzieren, dann mit Speisestärke dickflüssig abbinden. Die Pfirsiche damit bestreichen und marinieren lassen.
> Für das Lavendeleis Eigelbe mit Zucker auf einem warmen Wasserbad aufschlagen, bis die Mischung cremig wird. Die Milch mit Lavendelblüten und Orangenschale aufkochen und etwa 10 Minuten ziehen lassen.
> Die Milch dann zur Eimasse passieren und zur Rose abziehen. Crème fraîche einrühren und die Masse erkalten lassen. Wenn sie gut durchgekühlt ist, die Sahne unterheben, die Eismasse in der Sorbetière oder Eismaschine gefrieren lassen. Den Backofen auf Oberhitze vorheizen.
> Für die Sabayon Eigelbe mit Portwein und Honig auf einem heißen Wasserbad aufschlagen, bis die Masse sehr cremig ist. Zitronenschale und Rosmarin unterrühren.
> Die marinierten Pfirsiche auf feuerfeste Teller setzen und die Sabayon darüber geben. Die Pfirsiche im heißen Ofen gratinieren, 1 Kugel Eis daneben anrichten und mit Minze garnieren.

## Tipp:
> Damit das Eis auf dem warmen Teller nicht zu schnell schmilzt, können Sie es in selbst gebackene Brickteig-schälchen oder auf Stücke von Biskuitgebäck setzen.

# Kochen in der Champions-League

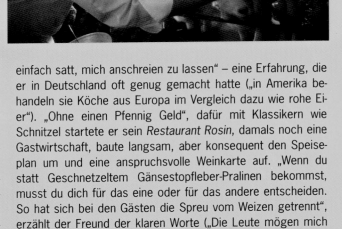

In Deutschland haben Profi-Fußballer ihr mehr oder weniger großes Talent als Sänger, Models oder TV-Kommentatoren bereits unter Beweis gestellt. Die Erkenntnis aber, dass Kicker auch kochen können, verdankt die Öffentlichkeit Frank Rosin. Der Cuisinier aus Dorsten präsentierte 24 Lieblings-Rezepte der Stars „seines" Vereins in dem Buch mit dem feinen doppeldeutigen Titel „Schalke kocht".

„Wenn ich Zeit habe, fahre ich natürlich zu den Spielen ins Stadion", sagt der 33-Jährige. An anderen, traurigeren Samstagnachmittagen müssen die Radioübertragungen in der Küche des Restaurant Rosin genügen – und die gastronomischen Begegnungen mit den Spielern: Rosins 1999 eröffnete Bar Opus One hat sich schnell zu einem der Hot Spots der Region entwickelt, in dem auch Schalkes Fußballer regelmäßig vorbeischauen.

Trotz aller Liebe zum Leder wollte er nie einer der Fußballhelden des Ruhrgebiets werden. Schon als Vierjähriger kannte Frank, Sohn eines Lebensmittelgroßhändlers, „nichts Schöneres, als den Vater beim Ausliefern zu begleiten und den Wirten beim Zapfen zuzusehen." Mit 14 half er bei Familienfeiern aus, „und als ich mit 16 bei einem Praktikum zum ersten Mal die Kochjacke anziehen durfte, standen mir Tränen in den Augen." Die frühen Sehnsüchte, kann er sich jetzt, nach rund 17 Jahren im Job, leichter erklären: „Ich wollte etwas Anderes machen als die anderen – abends arbeiten, zum Beispiel." Ein Rhythmus, den der passionierte Partygänger bis heute nicht als Belastung empfindet: „Ich habe ganz klar gewählt: Das Dasein als Gastronom ist mein Leben, nicht nur mein Beruf. Ich trenne nicht mehr zwischen Arbeit und Freizeit."

Den Schritt in die Selbstständigkeit wagte Rosin mit 24 Jahren – nachdem er über die Ausbildung im Gelsenkirchener Parkrestaurant Kaiserau nach Wangerooge, Sylt und Madrid, dann auf den Viermaster „Seacloud" und schließlich nach Laguna Beach, Kalifornien, gelangt war. Sein Motiv: „Ich hatte es einfach satt, mich anschreien zu lassen" – eine Erfahrung, die er in Deutschland oft genug gemacht hatte („in Amerika behandeln sie Köche aus Europa im Vergleich dazu wie rohe Eier"). „Ohne einen Pfennig Geld", dafür mit Klassikern wie Schnitzel startete er sein Restaurant Rosin, damals noch eine Gastwirtschaft, baute langsam, aber konsequent den Speiseplan um und eine anspruchsvolle Weinkarte auf. „Wenn du statt Geschnetzeltem Gänsestopfleber-Pralinen bekommst, musst du dich für das eine oder für das andere entscheiden. So hat sich bei den Gästen die Spreu vom Weizen getrennt", erzählt der Freund der klaren Worte („Die Leute mögen mich entweder sehr – oder gar nicht").

Heute mixt Rosin deftige regionale Gerichte mit asiatischen und mediterranen Einflüssen. Königsberger Klopse sind bei ihm vom Zander und werden mit blauen Kartoffeln serviert. Einheimische Wiesen-, Strauch- oder Baumfrüchte versieht er mit exotischen Aromen – wie beim Ingwerkompott von der Williamsbirne mit Crème brulée.

„Kochen beginnt im Kopf": Rosin findet seine Anregungen überall, beim Gemüsehändler oder im Käseladen, in einer Galerie oder auch beim Spaziergang über Blumenwiesen. Und nicht zuletzt lässt sich der Fastfood-Fan („privat: McDonald's Royal Käse oder Antipasti!") vom multinationalen Buden-Zauber des Ruhrpotts inspirieren – wie etwa ein Döner von St.-Patrick-Lachs mit Kreuzkümmeljoghurt und Safranschaum beweist.

Kreationen wie diese und TV-Auftritte wie beim „Krisen-Kochtipp" haben ihn überregional bekannt gemacht. Heute rangiert Rosins Restaurant in den Top Ten Nordrhein-Westfalens. In der kulinarischen Spitzenliga spielt er derzeit ganz oben mit. Trotzdem kennt er Lampenfieber, ist jeden Abend, bevor es losgeht, „aufs Neue nervös. Und wenn mich ein Gast zu Recht kritisiert, kann ich in der Nacht nicht schlafen" – so stark nagt der Ärger über ein Eigentor.

Frank
Rosin

**Mein Menü:**

**❯ Mediterraner Kartoffelsalat
mit Galantine von Kaninchenrücken und Pesto**

**❯ Knusperente aus dem Sud
mit Steinpilz–Crêpe–Cannelloni**

**❯ Mandarinenmousse
mit Cappuccino von Champagner und Holunder**

# Mediterraner Kartoffelsalat
## mit Galantine von Kaninchenrücken und Pesto

### Vorspeise

Für 4 Personen

FÜR DEN KARTOFFELSALAT:
1 Schalotte, gewürfelt
etwas Zucker
100 ml Olivenöl
1 gelbe Paprikaschote
1 Tomate, enthäutet und gewürfelt
1/2 Apfel, das Fruchtfleisch gewürfelt
400 g Kartoffeln, gekocht, gepellt und gewürfelt
1 Knoblauchzehe, Saft von 2 Zitronen
Salz, Pfeffer aus der Mühle
1 Löffel Mandarinensenf
3 EL fein geschnittene glatte Petersilie
1 EL Kapern, 12 eingelegte Oliven

FÜR DIE GALANTINE:
4 Kaninchenrückenfilets
6 Blatt Gelatine
1 EL Brühe
20 Scheiben fetter geräucherter Speck

FÜR DAS PESTO:
3 Blätter Basilikum, 1 EL Pinienkerne
100 ml Olivenöl
1 Knoblauchzehe
1 EL geriebener Parmesan

AUSSERDEM:
4 Wachteleier
etwas Öl zum Braten

❯ Für den Kartoffelsalat den Backofengrill vorheizen. Die Schalotte in etwas gezuckertem Olivenöl glasig braten. Die Paprikaschote unter dem heißen Grill mit der Hautseite nach oben schwarz werden lassen, dann die Haut abziehen, das Fruchtfleisch in Würfel schneiden. Paprika-, Tomaten- und Apfelwürfel mit Schalotten und Kartoffeln in eine Schüssel geben und mit restlichem Öl, fein gehacktem Knoblauch und den übrigen Würzzutaten zu einem Salat marinieren.

❯ Für die Galantine die Kaninchenfilets mit den Bauchlappen einrollen. Die Gelatine einweichen. Eine Terrinenform mit der Hälfte der gequollenen Gelatine auslegen, mit Brühe beträufeln, die Hälfte des Specks darauflegen, mit den gerollten Kaninchenbäuchen ausfüllen, mit Speck und Gelatine abschließen.

❯ Die Galantine mit Frischhaltefolie abdecken und im Ofen bei 80 °C 90 Minuten garen; etwas abkühlen lassen, beschweren und im Kühlschrank vollständig auskühlen lassen.

❯ Für das Pesto Basilikum mit Pinienkernen, Olivenöl, Knoblauch und Parmesan im Mixer zu einer Paste mixen. Aus den Wachteleiern in wenig Öl Spiegeleier braten.

❯ Die in Scheiben geschnittene Kaninchengalantine auf dem Kartoffelsalat anrichten, mit Pesto bestreichen und die Wachtelspiegeleier obenauf platzieren.

**Tipp:**
❯ Den Kartoffelsalat wie auf dem Foto nach Belieben zusätzlich mit blanchierten Meeresalgen anrichten.

# Knusperente
## aus dem Sud
### mit Steinpilz-Crêpe-Cannelloni

## Hauptgang

Für 4 Personen

FÜR DIE KNUSPERENTE:
Öl zum Braten
400 g Röstgemüse (z. B. Sellerie, Lauch
und Karotten zu gleichen Teilen)
1 Orange, das Fruchfleisch gewürfelt
1 Apfel, das Fruchtfleisch gewürfelt
Röstgewürze (Lorbeer, Gewürznelke,
Wacholder, Rosmarin)
1,5 l Enten- oder Geflügelfond
200 ml Sojasauce
2 küchenfertige Wildenten
1 Chilischote

FÜR DIE STEINPILZFÜLLUNG:
200 g Steinpilze
Öl zum Braten
3 Schalotten, fein gehackt
1 EL Sherry Medium
1 EL Sahne

FÜR DEN CRÊPETEIG:
125 g Mehl
1 Ei + 1 Eigelb
1 EL Zucker
1 Prise Salz
1/4 l Milch

Öl zum Backen
Butter zum Bestreichen
50 g gemahlene Pistazien
zum Bestreuen

❯ Für die Knusperente in einem breiten Topf das Öl erhitzen
und das Röstgemüse mit den Früchten anbraten. Die Röstgewürze hinzugeben und nach 15 Minuten mit dem Fond und
der Sojasauce auffüllen; etwa 30 Minuten bei schwächster
Hitze leise kochen lassen, dann die Enten in den Fond geben.
❯ Die Enten 90 Minuten ziehen lassen, dabei darf der Fond
nicht kochen (Temperatur etwa 80 – 90 °C). Wenn die Keulen
sich leicht vom Körper lösen lassen, sind die Enten optimal
gegart. Die Enten herausnehmen, den Fond passieren und zu
einer sämigen Sauce einkochen; Brust und Keulen vom Körper tranchieren.
❯ Die Steinpilze hacken und in etwas Öl anbraten. Schalotten
dazugeben, nach 5 Minuten Sherry und Sahne zufügen. Einkochen, bis sich eine püreeartige Masse ergibt. (Falls sich
Fett absetzt, dieses mit etwas kaltem Wasser wieder binden.)
❯ Für den Crêpeteig alle Zutaten zu einem dünnflüssigen Teig
verrühren, kurz quellen lassen und in einer kleinen Pfanne
4 hauchdünne Crêpes backen. Die Crêpes übereinander legen
und zum Viereck schneiden. Jede Crêpe mit etwas Steinpilz-
masse belegen, locker aufrollen, mit Butter bestreichen, in
den gemahlenen Pistazien wälzen und dritteln.
❯ Auf jedem Teller 3 Crêpe-Cannelloni und darauf je 1 Enten-
keule und -brust anrichten.

104

Frank
**Rosin**

# Mandarinenmousse
## mit Cappuccino
## von Champagner und Holunder

### Dessert

Für 4 Personen

FÜR DIE MANDARINENMOUSSE:
10 unbehandelte Mandarinen
1 unbehandelte Zitrone
165 g Würfelzucker
4 Blatt Gelatine
1 TL Vanillezucker
300 g Crème fraîche
Beeren nach Wahl für die Garnitur

FÜR DEN CAPPUCCINO:
2 Blatt Gelatine
100 ml Holundersirup
4 Glas Champagner

> Für die Mousse die Schale der Mandarinen und der Zitrone mit Würfelzucker abreiben. 1 Mandarine filetieren und für die Garnitur zurückbehalten, die übrigen Früchte auspressen. Die Gelatine einweichen. Den Fruchtsaft mit dem Würfelzucker und dem Vanillezucker erhitzen, bis sich der Zucker aufgelöst hat (der Saft darf nicht kochen!). Die eingeweichte Gelatine dazugeben und die Flüssigkeit unter Rühren erkalten lassen, bis sie anzieht. Die Crème fraîche steif schlagen und vorsichtig unter die Fruchtmasse heben; in einem Glas oder einem tiefen Teller kalt stellen.
> Für den Capuccino die Gelatine einweichen, dann mit etwas Holundersirup bei sehr geringer Hitze auflösen und zum restlichen Holundersirup geben.
> Das Ganze in einen Siphon füllen und unter Hinzugabe von 3 Patronen Kohlensäure etwa 2 Stunden kalt stellen.
> Die Mandarinenmousse in tiefen Tellern anrichten, mit den Mandarinenfilets und Beeren garnieren. Dazu jeweils 1 Glas Champagner, der mit Holundersirup-Cappuccino bedeckt ist, servieren.

# Maître Internet

Erst schaute er der Großmutter beim Backen nur zu. Dann durfte er den Teig probieren, die Mischung anrühren und als die Oma eines Tages nicht da war, „holte ich mir das Rezept 'raus und fing einfach an". Achim Schwekendieks erster Rührkuchen liegt 28 Jahre, einen Michelin-Stern und 16 Gault-Millau-Punkte zurück. Mit 34 ist der stellvertretende Vorsitzende der „Jungen Wilden" von der Kunst des Kochens noch immer so fasziniert wie als Junge – nur für Süßes kann er sich nicht mehr so begeistern. „Ich persönlich ziehe Käse zum Dessert vor", sagt der Küchenchef des *Hotel Hohenhaus*, Herleshausen, der auf dem Gutsgelände zwei Ziegen hält und sich – mit wachsendem Erfolg – in der Herstellung von Pecorino, Blauschimmel und Camembert versucht.

Soweit zu Schwekendieks eigenem Geschmack. Und wie würde er seinen Stil als Koch beschreiben? „Am liebsten gar nicht – weil ich ihn so oft ändere." Bei seiner ersten Stelle als Küchenchef etwa hat er ein Jahr lang komplett vegetarisch gekocht – „eine echte Herausforderung: Zehn-Gänge-Menüs abwechslungsreich zu gestalten, wenn Tofubratlinge nicht so dein Ding sind." 1998 mit dem Bocuse d'Or als Deutschlands „Bester Fischkoch" ausgezeichnet, würde er dennoch Fisch nie eine Sonderrolle einräumen. Und die mediterran beeinflusste Küche variierte er jetzt so lange, „dass für mich die Luft ein bisschen raus ist." Das momentane Motto könnte am ehesten lauten: back to the roots. Schwekendiek widmet sich deutschen Klassikern wie Krabbencocktail oder Königsberger Klopsen, möchte diesen Gerichten mit neuer Raffinesse zu neuer Reputation verhelfen. „Eine Zeit lang haben die alle mit Abscheu vom Tisch gefegt. Das ging so weit, dass der Nachwuchs gar nicht mehr lernte, so etwas zu kochen!" Den Auszubildenden in der Hohenhaus-Küche vermittelt er nicht nur dieses traditionelle Know-how: Der erklärte Paris-Fan, der ein Jahr im *Hôtel de Crillon* als Commis gearbeitet hat, hasst die gastronomischen Hierarchien nach alter französischer Tradition – und hat sein Teamwork entsprechend umgestaltet. „Im herkömmlich strukturierten Service funktioniert das so: Wenn dem Gast die Serviette herunterfällt und der Oberkellner steht daneben, zieht der eine Augenbraue hoch und macht damit den Kellner an der Küchentür aufmerksam. Der nickt in Richtung eines

Kollegen, dieser schließlich sucht den Lehrling, um ihm zu sagen, dass er das Teil aufheben soll. So läuft es auch in der Küche – aber in meiner nicht!"

Natürlich muss es einen geben, der den Rhythmus bestimmt. Bei Schwekendiek fungiert als Dirigent „immer der auf dem Saucierposten" – und dieser wird rotierend, vom Lehrling bis zum Souschef, besetzt. Der Maître ist in der glücklichen Lage, für Ideen wie diese vollste Unterstützung zu bekommen: *Hotel Hohenhaus* versteht sich als Refugium der exklusiven, friedlichen Ruhe und pflegt die Philosophie der Harmonie auch im Alltagsleben. „Einklang" lautete eines der Schlüsselwörter – für Schwekendiek, der mit seiner Familie seit acht Jahren im Forsthaus auf dem Hotelgelände wohnt, der zentrale Faktor, um Kreativität und Fantasie immer wieder neu entfalten zu können.

Wie zum Beispiel bei dieser Aktion des Computer-Connaisseurs. Schwekendiek, gemeinsam mit Manuela Ferling auch für die Websites der „Jungen Wilden" verantwortlich, lancierte gerade eine Kochschule im Internet – vom Grundlagenkurs bis zur Gourmetküche (http://schwekendiek.com/achim). Und weil es mit einer „richtigen Suchmaschine zum Thema Essen & Trinken noch nicht ganz klappt", hat der Delikatessen-Profi erst mal die wichtigsten Links in diesem Bereich zusammengefasst. Unter http://schwekendiek.com/achim/link.htm verrät er netterweise, wo man am besten Käse und Wein online bestellen kann. Die Adressen hat er zum größten Teil selbst getestet: „Der nächste Supermarkt liegt 13 Kilometer entfernt. Als wir hierherzogen, gab es dort nicht mal Frischmilch!"

Im Urlaub ist das einfacher. Den verbringen Schwekendiek und seine Frau mit ihren drei Söhnen – Thore (4), Lando (6) und Jonas (8) – am liebsten in Südwestfrankreich. Dann lässt der Koch, der sein Geld „lieber für tolles Essen als für irgendein wichtig aussehendes Auto" ausgibt, die Restaurants links liegen, kauft auf den „fantastischen Märkten" nach Herzenslust ein – und stellt sich mit Genuss an den Herd. Rechts und links neben ihm steht dann jeweils ein kleiner Hocker: für Lando und Jonas, die dem Papa bereits seit zwei Jahren mit Riesenspaß in der Küche helfen. Das liegt wohl in der Familie ...

**Mein Menü:**

❯ **Gebratener grüner Kloß mit Gänseleberfüllung, Apfelconfit und schwarzen Nüssen**

❯ **Variationen vom Reh**

❯ **Karamellisierte Williamsbirne mit Haselnusseis und Sesamhippen**

# Variationen vom Reh

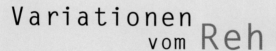

### Vorspeise

Für 4 Personen

**FÜR DAS RAGOUT:**
800 g Rehkarkassen, gehackt
200 g Mirepoix (je 1/3 Möhre, Stangensellerie und Lauch)
80 ml Cognac
1/4 l Rotwein + etwas Wein zum Ablöschen des Fleisches
1/4 l roter Portwein
1,5 l Kalbsfond
etwas Speisestärke
120 g ausgelöste Rehschulter, in feine Würfel geschnitten
Öl zum Braten und Frittieren
60 g Schalotten, gewürfelt
4 Wan-Tan-Blätter
1 kleine Karotte, in Juliennestreifen geschnitten
4 Kerbelblättchen

**FÜR DIE KOTELETTS:**
200 g Rehkarree
Öl zum Braten

**FÜR DEN LEBERSPIESS:**
80 g Rehleber
4 kleine Zweige Rosmarin
Öl zum Braten

**FÜR DAS GEMÜSE:**
1 Kohlrabi, gewürfelt
Butter zum Dünsten und Braten
1 EL geschlagene Sahne
2 EL gehackte Petersilie
1 Karotte, in 2 cm breite Streifen geschnitten
80 g Pfifferlinge
80 g dicke Bohnen, ausgepalt und enthäutet
Salz

> Den Ofen auf 180 °C vorheizen. Die Rehkarkassen in einem Bräter im Ofen braun rösten, dann das Mirepoix mitrösten. Alles mit Cognac ablöschen und flambieren. Rot- und Portwein zugeben und auf ein Minimum reduzieren. Zuletzt den Kalbsfond zugeben. Alles etwa 30 Minuten köcheln lassen und passieren. Die Sauce auf 1/2 l Flüssigkeit einkochen und mit Stärke leicht binden.

> Für das Ragout das Rehschulterfleisch anbraten. Dann die Schalotten mitbraten. Mit etwas Rotwein ablöschen und mit der Rehsauce auffüllen. Alles gut 1 Stunde köcheln lassen, bis das Fleisch weich ist.

> Für die Koteletts den Ofen auf 180 °C vorheizen. Das Rehkarree anbraten und je nach Dicke 4 – 5 Minuten in den heißen Ofen schieben. Herausnehmen, den Ofen angeschaltet lassen, das Fleisch 2 Minuten ruhen lassen und in 4 Kotelettstücke schneiden.

> Für den Leberspieß die Leber von Haut und Sehnen befreien und in 4 kleine Würfel schneiden. Auf die Rosmarinzweige stecken und in der Pfanne rosa braten.

> Für das Gemüse den Kohlrabi in etwas Butter dünsten. Die Sahne unterheben, die Petersilie zugeben. Die Karottenstreifen blanchieren. 4 runde Formen damit auslegen. Pfifferlinge und Bohnen sautieren und in die Form geben. Nochmals kurz im Ofen erhitzen. Die Gemüsetörtchen auf Servierteller setzen, die Formen jeweils entfernen und den Leberspieß hineinstecken.

> Die Wan-Tan-Blätter in 4 Förmchen drücken und im Ofen in 5 Minuten goldbraun backen. Die Karottenstreifen frittieren.

> Das Rehragout in den Wan-Tan-Förmchen anrichten und mit den frittierten Möhrenstreifen und je 1 Kerbelblättchen garnieren. Neben die Gemüsetörtchen setzen. Je 1 Kotelettstück auf etwas Kohlrabiragout anrichten.

# Gebratener grüner Kloß
## mit Gänseleberfüllung, Apfelconfit
## und schwarzen Nüssen

### Hauptgang

Für 4 Personen

FÜR DIE SCHWARZEN NÜSSE:
1,5 kg grüne unreife Walnüsse
(Saison: Ende Juni/Anfang Juli)
500 g Zucker
3 Lorbeerblätter, 2 EL schwarze Pfefferkörner
3 Gewürznelken, 2 Zweige Rosmarin
200 ml alter Aceto balsamico
1 Dose Trüffelsaft

FÜR DAS APFELCONFIT:
4 Äpfel
1/2 l Apfelsaft, etwas Zitronensaft

FÜR DIE GRÜNEN KLÖSSE:
1 kg geschälte Kartoffeln
80 ml Milch
40 g Butter + Butter zum Braten
1 Ei + 1 Eigelb
2 EL gehackte Petersilie
200 g Gänsestopfleber

FÜR DIE GARNITUR:
20 Walnüsse
150 g junger Feldsalat
2 EL alter Aceto balsamico, 1 El Sherryessig
1 EL Madeirareduktion
2 EL Maiskeimöl, 2 EL Olivenöl, Salz, Pfeffer

❯ Die Walnüsse (mit Schale) rundherum mit einer Gabel einstechen und wässern. Jeden Tag das Wasser wechseln. Nach 10 Tagen in gesalzenem Wasser dreimal aufkochen; abgießen. 3/4 l Wasser mit dem Zucker aufkochen und heiß über die Nüsse gießen. 7 Tage lang den Fond immer wieder aufkochen und über die Nüsse geben. Am letzten Tag die Gewürze zu dem Fond geben und mit Essig und Trüffelsaft abschmecken. Die Nüsse darin nochmals 20 Minuten kochen und in Gläser abfüllen. Je länger die Nüsse im Glas bleiben, desto besser werden sie. Man sollte sie mindestens 6 Monate liegen lassen.

❯ Für das Confit die Äpfel schälen und in 20 dünne 5-Mark-Stück große Scheiben schneiden. Den Apfelsaft mit etwas Zitronensaft aufkochen und die Apfelscheiben darin blanchieren. Vom Rest der Äpfel die Hälfte in kleine Würfel schneiden, die andere Hälfte zu Mus verarbeiten. Die Apfelwürfel im Mus kochen und abkühlen lassen.

❯ Für die grünen Klöße von den Kartoffeln 800 g fein reiben, in ein Nesseltuch wickeln und zubinden. Die Kartoffeln schleudern, bis sie ganz trocken sind. Aus den übrigen Kartoffeln, der Milch und der Butter ein Kartoffelpüree herstellen und zusammen mit Ei und Eigelb heiß zu den geriebenen Kartoffeln geben. Die Petersilie zugeben und alles vermengen.

❯ Ein großes Stück Alufolie gut buttern und die Kloßmasse etwa 1/2 cm dick darauf verteilen. Die gewürzte Gänseleber darauflegen und den Kloßteig fest aufrollen. Den Kloß in reichlich Wasser 3–4 Minuten kochen lassen. Den Topf von der Platte nehmen und den Kloß weitere 10 Minuten ziehen lassen. Herausnehmen, abkühlen und im Kühlschrank vollständig erkalten lassen. Dann den Kloß in 4 gleichmäßige Scheiben schneiden und diese in der Pfanne anbraten.

❯ 20 Walnüsse abziehen und rösten. Den Feldsalat waschen und trocknen, aus Essig, Madeirareduktion, Öl, Salz und Pfeffer eine Vinaigrette rühren.

❯ Die Kloßscheiben auf dem Feldsalat mit etwas Apfelconfit anrichten, vorne abwechselnd schwarze Nüsse und Apfelscheiben anrichten. Den Salat mit der Vinaigrette beträufeln.

**Tipp:**
❯ Schwarze Nüsse können Sie im Feinkostgeschäft auch fertig kaufen.

# Karamellisierte Williamsbirne
## mit Haselnusseis und Sesamhippen

**Dessert**

Für 4 Personen

FÜR DIE KARAMELLISIERTE
BIRNE:
2 Williamsbirnen, abgezogen,
halbiert und pochiert
etwas brauner Zucker

FÜR DAS HASELNUSSEIS:
500 g Sahne
70 g gehobelte Haselnüsse,
geröstet
8 Eigelb, 100 g Zucker
etwas Haselnusskrokant
etwas Armagnac

FÜR DIE SESAMHIPPEN:
50 ml Orangensaft
Zesten von 1 unbehandelten
Orange
100 g Puderzucker
3 EL gesiebtes Mehl
60 g Sesamsamen
60 g flüssige Butter + Butter
für das Blech

FÜR DIE MOUSSE:
1 Ei, knapp 2 EL Zucker
2 EL Crème de Cacao
2 Blatt Gelatine
125 g Vollmilchkuvertüre,
geschmolzen
300 g Sahne, geschlagen

❯ Für das Haselnusseis die Sahne mit den gerösteten Hasel-
nüssen aufkochen und etwa 20 Minuten ziehen lassen. Die
Eigelbe mit dem Zucker schaumig rühren, dann vorsichtig
die heiße Sahne dazugeben. Die Masse auf dem Wasserbad
unter ständigem Rühren bei 70 °C zur Rose abziehen und
dann auf Eis kalt rühren. Den Haselnusskrokant dazugeben
und das Eis mit etwas Armagnac abschmecken. Die Masse
in einer Sorbetière oder Eismaschine gefrieren lassen.
❯ Für die Sesamhippen alle Zutaten verrühren und 20 Minuten stehen lassen. Den Backofen auf 200 °C vorheizen. Die
Masse dünn auf ein gebuttertes Blech streichen und im
heißen Ofen goldbraun backen. Die Hippen aus dem Ofen
nehmen und in lange schmale Dreiecke schneiden.
❯ Für die Mousse das Ei mit dem Zucker und Crème de Cacao auf einem heißen Wasserbad aufschlagen. Die Gelatine
einweichen und mit der geschmolzenen Kuvertüre dazugeben. Die Masse kalt rühren und die geschlagene Sahne unterheben; in einen Dressierbeutel mit Sterntülle füllen und kalt
stellen.
❯ Das Eis zum Anrichten in gekühlte Förmchen geben, die
pochierte Birne darauflegen. Noch kurz einfrieren, dann mit
etwas braunem Zucker bestreuen und diesen mit einer Löt-
lampe karamellisieren. Auf große Teller setzen. Darum herum
die Mousse in großen Tupfen setzen und jeweils 1 Sesam-
hippe anlegen.

Über der Bar seines Restaurants am Berliner Lützowplatz steht: Libertate omna mecum porto (Freiheit war alles, was ich besaß) – „weil ich ohne einen Pfennig hier angefangen habe". Und am Höhepunkt seiner Karriere steht, so sieht es Markus Semmler, der Gang an die Börse. Denn der als einer der „Berliner Meisterköche 1998" und als „Restaurateur des Jahres 2000" Gefeierte hat neben anspruchsvollen kulinarischen auch sehr ambitionierte kommerzielle Visionen: „Mit sieben weiteren Restaurants eine Aktiengesellschaft gründen". Das Ziel des 34-Jährigen mag Selbstständigen aus anderen Branchen normal erscheinen – für einen Koch hingegen grenzt eine Aussage wie diese schon an Extravaganz: „Irgendwann möchte ich finanziell 100-prozentig ruhig dastehen".

Kleine Schritte sind dabei seine Sache nicht. Das Gourmetrestaurant *Mensa* eröffnete er Anfang 1999; schon im November desselben Jahres folgte das nächste Projekt im Stilwerk in Berlin-Charlottenburg – ein Riesen-Restaurant mit 300 Plätzen, Gourmetrestaurant, Sushibar, Bistro, Champagnerbar, Espressobar, Terrasse … Die Cocktails schüttelt und rührt der Weltmeister dieser Disziplin aus den USA. „Produktbezogene Gastronomie" nennt Semmler dieses Großunternehmen; im Gegensatz zu der „personifizierten" in seiner *Mensa*, wo eine lange Tafel mit 20 Plätzen zur Kommunikation mit anderen Gästen – und dem allabendlich präsenten Maître – einlädt. Zusätzlich sind zwei TV-Projekte, eine Kochschule und der Aufbau eines eigenen Veranstaltungsbüros in Arbeit.

„Das ganze Package muss stimmen", formuliert der Sohn einer nordhessischen Gastronomenfamilie („in sechster Generation!"), der sich „nicht nur als Koch, sondern als Gastronom" sieht. Die wohl wichtigste Station auf dem Weg dahin war das *Schlosshotel Cecilienhof* in Potsdam, wo Semmler zwei Jahre als Küchenchef arbeitete – und den Traditionsbetrieb gründlich entrümpelte. „Ich habe als Erstes die Fritteuse abgeklemmt, den Salamander entfernt und gesagt: Jungs, jetzt kochen wir mal. Und die haben begeistert mitgemacht!"

Semmlers Gebot: „Du sollst mit deinen zwei Händen Pfeffer und Salz und frische Kräuter, aber nicht die Schere benutzen" setzt frische Zutaten von höchster Qualität voraus. Diese verarbeitet er zu Kreationen wie Blumenkohlparfait unter der Kaviarhaube oder Steinbutt mit Ochsenschwanzkroketten, immer mit ei-

nem ganz besonderen Augenmerk auf die Saucen: „Ich setze beispielsweise separat Röstgemüse mit Reduktion an; in einem zweiten Ansatz dann Schalotten, Fond und Rotwein." Input: 40 Kilo Knochen, 10 Kilo Gemüse, Output: vier Liter Sauce, Geschmack: leicht und einzigartig intensiv zugleich. Seine wohl dosierten Raffinessen brachten Semmler nicht nur den Feinschmecker-Titel „Bester Nachwuchskoch Deutschlands 1997" ein, sondern den Applaus der oft illustren Gäste: Auch Prinz Charles zeigte sich „amused".

Ob europäischer Hochadel, Berliner Szene oder das junge Paar, das sich einen raren Genuss leistet: „Jeder Gast muss sich pudelwohl fühlen", sagt Semmler bestimmt. „Manche freuen sich zwei, drei Wochen auf so einen Abend – für sie darf er also nicht so schnell vorbeigehen wie wir das beim Arbeiten vielleicht gern hätten." Als er selbst mit seiner Freundin eine Gourmet-Tour zu Andre Jäger nach Schaffhausen plante, hat er sich tagelang darauf gefreut.

Wann er für den nächsten Trip Zeit findet, weiß er nicht. Der Hobby-Taucher war seit vier Jahren nicht mehr unter Wasser und hat immer noch diesen Traum: „Haifischtauchen in Australien – ich liebe Nervenkitzel". Da ist die Börse ja noch ein relativ sicheres Terrain.

# Haute Cuisine AG

# Markus
# Semmler

**Mein Menü:**

> **Blumenkohlparfait unter der Kaviarhaube mit sautiertem Rochenflügel**

> **Steinbutt im Trüffel–Brickteig auf Risotto**

> **Passionsfruchtmousse im Zartbittermantel mit Kokossorbet**

**Tipp:**
> Die Vanillecreme stellen Sie so her:
2 Eigelbe mit 30 g Zucker, 2 EL Wasser und dem Mark von 1–2 Vanilleschoten schaumig schlagen, dann auf dem heißen Wasserbad zu einer dick-cremigen Sauce aufschlagen.

# Passionsfruchtmousse
## im Zartbittermantel
## mit Kokossorbet

**Dessert**

Für 8 Personen

FÜR DIE UMMANTELTE
PASSIONSFRUCHTMOUSSE:
200 g Zartbitterkuvertüre
8 Blatt Gelatine
500 g Passionsfruchtpüree
+ etwas Püree zum Garnieren
350 g Zucker
600 g Sahne, leicht geschlagen
50 g Zucker

FÜR DAS KOKOSSORBET:
600 ml Kokosmilch
100 ml Batida
200 ml Milch
250 g Zucker
3–4 Eiweiß, etwas Zitronensaft

FÜR DIE GRATINIERTEN PASSIONSFRÜCHTE:
100 g Vanillecreme (s. Tipp)
50 g Sahne, geschlagen
2 Eigelb
8 Passionsfrüchte (Maracujas)
einige Zweige Minze zum Dekorieren

> Für die Mousse die Kuvertüre schmelzen, auf 4 Stücke Frischhaltefolie in Streifen von 5 x 15 cm dünn aufstreichen, in Tropfenform (s. Foto) legen, am Rand mit einer Büroklammer festhalten; erstarren lassen.

> 6 Blatt Gelatine einweichen. 400 g Passionsfruchtpüree leicht erwärmen, 300 g Zucker und die Gelatine darin auflösen; auf Eis kalt schlagen. Die Sahne unterheben. Die Mousse in die Schokoladentropfen füllen und kühl stellen.

> Für das Kokossorbet alle Zutaten außer Eiweiß und Zitronensaft aufkochen; kalt schlagen. Die Eiweiße mit etwas Zitronensaft steif schlagen und unterheben. Das Sorbet in der Eismaschine gefrieren lassen.

> Die übrige Gelatine einweichen. Das restliche Passionsfruchtpüree erwärmen und den restlichen Zucker von der Passionsfruchtmousse mit der Gelatine in dem Püree auflösen. Auf die Mousse in die Schokoladentropfen gießen und erstarren lassen.

> Vanillecreme mit Sahne und Eigelb verrühren. Die Maracujas halbieren, die Creme daraufgeben und unter dem Grill gratinieren.

> Auf jeden Teller 1 gefüllten Passionsfruchttropfen setzen, mit etwas Maracujamark umgießen, die gratinierten Maracujahälften daneben legen, ebenso je 1 Nocke Kokossorbet. Mit Minze dekorieren.

# Steinbutt
### im Trüffel-Brickteig auf Risotto

## Hauptgang

Für 4 Personen

**FÜR DEN STEINBUTT:**
4 Steinbuttfilets (etwa 600 g)
Saft von 1 Zitrone
Salz
4 Blätter Brickteig
etwas Trüffelöl
20 g eingelegte Perigord-Trüffel
2 EL Olivenöl

**FÜR DEN RISOTTO:**
2 Schalotten, fein geschnitten
200 g Risottoreis
Olivenöl zum Braten
200 ml Fischfond
50 ml Weißwein
50 ml Trüffelfond
Salz
80 g kalte Butter
40 g Parmesan, gerieben

**FÜR DIE FISCHSAUCE:**
3 Schalotten, fein
geschnitten
2 EL Olivenöl
50 ml Weißwein
100 ml Fischfond
80 g Sahne
Salz
50 g kalte Butter

❯ Das Fischfilet mit Zitronensaft säuern und salzen. Die Brickteigblätter mit wenig Trüffelöl bestreichen. Trüffel in hauchdünne Scheiben schneiden, die Teigblätter damit belegen und den Steinbutt in den Teig einschlagen.
❯ Für den Risotto die Schalotten mit dem Risottoreis in etwas Olivenöl anschwitzen, mit Fischfond, Weißwein und Trüffelfond auffüllen, aufkochen und abgedeckt auf der ausgeschalteten Herdplatte, ohne zu rühren, etwa 20 Minuten ziehen lassen. Zwischendurch die Konsistenz prüfen – der Risotto sollte eine leicht flüssige Konsistenz haben – und bei Bedarf nach und nach wenig Wasser zugeben.
❯ Für die Fischsauce die Schalotten in etwas Olivenöl anschwitzen, mit Weißwein ablöschen und reduzieren. Fischfond und Sahne dazugeben, ankochen und durchpassieren, mit Salz abschmecken und kurz vor dem Aufschäumen unter Schwenken nach und nach die Butter in Stückchen zugeben.
❯ Den Backofen auf 180 °C vorheizen. Den Steinbutt in einer ofenfesten Pfanne in Olivenöl goldgelb anbraten, für etwa 3 Minuten (je nach Stärke des Filets) in den heißen Ofen geben.
❯ Den Risotto mit Salz abschmecken, die kalte Butter in Stücken zugeben, ebenso den Parmesan.
❯ Den Risotto auf 4 Teller verteilen. Die Steinbuttfilets mit dem Sägemesser halbieren, auf den Risotto setzen und dann mit Fischsauce nappieren.
❯ Dazu passt gut Spinatpüree.

# Blumenkohlparfait
## unter der Kaviarhaube
### mit sautiertem Rochenflügel

**Vorspeise**

Für 4 Personen

FÜR DAS BLUMENKOHLPARFAIT:
1/2 mittelgroßer Blumenkohl,
geputzt und gewässert
Salz
etwa 1/4 l Rote-Bete-Saft
8 Blatt Gelatine
300 g Sahne, geschlagen
Saft von 1/2 Zitrone
4 – 6 TL Kaviar
etwas zerzupfter Friséesalat und
Petersilienzweiglein für die Dekoration

FÜR DEN ROCHEN:
400 g Rochenflügelfilets
Salz, etwas Zitronensaft
Olivenöl zum Braten
3 Schalotten, fein geschnitten
100 ml Fischfond
80 g Sahne

❯ Den Blumenkohl in Röschen aufteilen. Diese in kochendes Salzwasser geben und weich kochen.
❯ 400 g Blumenkohl abwiegen und fein pürieren. Die restlichen Röschen in Rote-Bete-Saft einlegen. Die Gelatine einweichen und auflösen; in das lauwarme Blumenkohlpüree einrühren und dann die geschlagene Sahne unterheben; mit Salz abschmecken und in Ringe einfüllen.
❯ Die Rochenflügelfilets mit Salz und Zitronensaft marinieren und kurz in Öl anbraten, bis sie glasig sind.
❯ Die Schalotten in etwas Olivenöl anschwitzen, den Fischfond dazugeben und reduzieren. Dann aufkochen und durchpassieren. Die Sahne zugeben und nochmals aufkochen. Die Sauce mit Salz abschmecken und aufschäumen.
❯ Das Blumenkohlparfait mit Kaviar bedecken, mit einem dünnen Messer vorsichtig vom Rand der Ringform lösen, aus der Form gleiten lassen und auf den Teller setzen.
❯ Etwas Frisée um das Blumenkohlparfait geben und die rot gefärbten Blumenkohlröschen aufsetzen, die Rochenflügel dazugeben und mit der aufgeschäumten Fischsauce begießen.

# Kochen ist wie *Blues* – ohne *Feeling* geht's nicht

Seine erste Passion galt nicht Geschmacks-Noten, sondern dem hohen C, den Synkopen des Jazz und dem Tristan-Akkord: In München-Untermenzing aufgewachsen, träumte Steffen Sonnenwald als 13-Jähriger davon, das renommierte Richard-Strauss-Konservatorium zu besuchen. Er spielte Bass in einer Schülerband, lernte in Jo Haiders Jazz School – "doch über ein paar Gigs ging es nicht hinaus. Wer hörte damals auch schon Jazzrock?"

Bis heute ist Musik unverzichtbarer Bestandteil seines Lebens. Die besten Ideen fürs Kochen "kommen mir beim Zupfen", erklärt der Gitarrensammler – und warnt: "Wer

Blues und Jazz nicht mag, hat in meiner Küche ein Problem."

"Seine Küche" – das war nach einer Ausbildung in den *Torggelstuben* in München unter anderem der Münchner *Austernkeller*, Otto Kochs *Le Gourmet*, das *Restaurant Kurlbaum* in Moers, das *Romantikhotel Hof zur Linde* in Münster und das *Schlosshotel Oberstotzingen*, bis sich Sonnenwald 1999 selbstständig machte. Verknöchertes Denken, hierarchische Strukturen und brutale Behandlung hatten ihn schon in der Lehrzeit abgeschreckt – "trotz aller Faszination am Kochen"; seither kann er nur Häuser akzeptieren, die – im Zwischenmenschlichen, nicht bei den Dezibel der Stereoanlage – die leisen Töne achten.

Momentan arbeitet Sonnenwald als freier gastronomischer Berater, kocht für Events und baut seine eigene Firma auf. Schon der Name – "Art Cuisine" – verrät seine Philosophie:

"Ich liebe alles Schöne, deshalb koche ich auch genauso. Kochen ist wie Jazz- und Blues-Musik – ohne Feeling geht's nicht."

Seine Kompositionen entstehen aus der Mixtur scheinbarer Extreme – einfache, regionale Zutaten auf der einen, ausgesuchte Luxusprodukte auf der anderen Seite. Der vielfach Ausgezeichnete (z. B. 16 Gault-Millau-Häubchen als Chef de Cuisine im *Schlosshotel*) liebt die exquisiten Momente der Veredelung. Unvergessen der Tag, an dem Töchterchen Alexandra, damals 12 Monate alt, ein Löffelchen Kaviar kostete und sichtbar genoss. "Ich dachte: Hey, Kleine, du bist ja gut drauf!", erzählt der stolze Vater – der allerdings gestehen muss, dass der Geschmack der heute 10-Jährigen sich in die alterstypische Pommes/Pizza-Richtung entwickelt hat. Sonnenwald kann sich für reife, duftende Toskana-Tomaten ebenso begeistern wie für Langustinos, kombiniert Kalbskopf gerne mit Krustentieren und schwärmt davon, irgendwann einmal in einem Gasthof in den Alpen Musik und innovative Gourmandise zu vereinen.

Den Rhythmus, in dem er Neues kreiert, bestimmt Sonnenwald selbst. "Ich ändere Karten dann, wenn ich den Zeitpunkt für richtig halte." Nicht nur inhaltlich: Menü-Floskeln wie "an, mit, auf, von" sind ihm, der gern gerade heraus redet, ein Gräuel. "Mein Ideal: schriftlich die pure Information – und ein geschulter Service, der die Gäste dann ausführlich informiert." Aber weil der Jazzfan weiß, dass der Ton die Musik macht, wählt er klingende, ungewöhnliche Begriffe wie "explodierter Kalbsschwanz" – eine in Förmchen gefüllte delikate Masse, deren Weißbrot-Deckelchen mittels hoher Ofen-Hitze zielgerichtet zerstört wird.

Es sind die größeren und kleineren kreativen Explosionen, mit denen er und die andern "Jungen Wilden" Aufmerksamkeit wecken. Steffen Sonnenwald, der seit einem Gourmet-Event in der Türkei zum Freundeskreis gehört, spricht von den Synergie-Effekten, von dem Spaß, sich ausleben zu können – und von dem Ziel für die Zukunft: das Erkunden neuer Wege. Dabei geht es dem 38-Jährigen, der zwischen Jeans und Armani-Anzug nach Tagesform, Belieben und Anlass wechselt, nicht um Status-Lust, sondern ums Feeling: "Nur was aus dem Bauch kommt, ist wirklich ehrlich und aufrichtig."

# Steffen
## Sonnenwald

**Mein Menü:**

❯ **Törtchen vom Kalbskopf
mit marinierten Jakobsmuscheln
und Rucola–Pesto**

❯ **Explodierter Kalbsschwanz
mit geschmolzener Gänseleber
auf Radieschenspinat**

❯ **Chartreuse von Kokosnuss
und Schokolade
mit Balsamico–Mangos**

# Explodierter Kalbsschwanz
mit geschmolzener Gänseleber
auf Radieschenspinat

## Hauptgang

Für 4 Personen

FÜR DEN KALBSSCHWANZ:
2 kg Kalbsschwanz, zerteilt
Salz, Pfeffer aus der Mühle, Öl zum Braten
2 Zwiebeln, gewürfelt
2 Karotten, gewürfelt
1 kleine Sellerieknolle, gewürfelt
3 Knoblauchzehen, 1 Bund Thymian
1 EL Senfkörner, 1 TL Pfefferkörner
1 Zweig Rosmarin, 1 Zweig Majoran, 1 Lorbeerblatt
1 Stange Lauch, 4 EL Tomatenmark
1/4 l Rotwein (vorzugsweise Burgunder)
2 l Kalbsfond, etwas Butter
500 g Schweinenetz, 100 g Gänseleber

FÜR DIE FÜLLUNG:
1/2 Toastbrot entrindet und gewürfelt (250 g)
150 g Nussbutter
1/8 l Milch, 1/8 l Sahne
1/2 Knoblauchzehe, 1 Schalotte
1 Lorbeerblatt, Salz, Pfeffer
1 EL gehackte Petersilie
3 Eier, 1 Eiweiß

FÜR DEN RADIESCHENSPINAT:
2 Bund Radieschen mit Grün
1 EL Butter, Salz, Pfeffer, geriebene Muskatnuss

FÜR DIE GARNITUR:
frittierte Rote Bete-Streifen und Selleriescheiben
gebackene Streifen von Petersilienwurzel
einige Zweige Thymian und Rosmarin

120

> Den Backofen auf 220 °C vorheizen. Die Kalbsschwanz-stücke salzen, pfeffern und in Öl scharf anbraten. Dann Gemüse, Aromaten und den Lauch zugeben, das Tomaten-mark einrühren, mit Rotwein ablöschen und nach und nach mit Kalbsfond aufgießen. Im Ofen in etwa 2 Stunden fertig garen. Das Fleisch vom Knochen lösen. Die Sauce durch ein feines Sieb passieren und reduzieren. Vor dem Servie-ren mit Butter aufmixen und mit Salz und Pfeffer abschmecken.

> Für die Füllung die Brotwürfel in der Nussbutter goldgelb rösten; auf ein Sieb geben, damit überschüssige Butter ab-tropfen kann. Milch, Sahne und Aromaten einmal aufkochen und 10 Minuten ziehen lassen; dann über die Croûtons pas-sieren, Petersilie und Eier untermengen. Das Eiweiß steif schlagen und unterheben, die Masse nochmals abschmecken.

> Das Schweinenetz in 4 Stücke teilen, diese auslegen und eine ringförmige große Ausstechform innen am Rand mit dem Kalbsschwanz auslegen, in die Mitte etwas von der Füllung geben und vorsichtig den Ring entfernen. Das Schweinenetz um den Kalbsschwanz geben und oben ganz locker auflegen. Auf diese Weise 4 Kalbsschwanzpäckchen herstellen; mindestens 1 Stunde kalt stellen.

> Den Ofen auf 250 °C vorheizen. Die Kalbsschwanz-päckchen etwa 4 Minuten anbacken, so dass sie oben auf-platzen, herausnehmen, die Temperatur auf 160 °C reduzie-ren und das Fleisch in weiteren 8 Minuten fertig garen.

> Für den Radieschenspinat die grünen Blätter von den Radies-chen abtrennen und gut waschen. Die Radieschen in dünne Scheiben schneiden, in der Butter vorsichtig anschwitzen, das Grün dazugeben. Mit Salz, Pfeffer und Muskat abschmecken.

> Den Radieschenspinat auf vorgewärmte Teller geben, darauf die kurz erwärmte Gänseleber und je 1 explodierten Kalbsschwanz. Oben in den aufgeplatzten Schwanz frittierte Rote Bete, gebackene Petersilienwurzel, Selleriechips so-wie Thymian und Rosmarin drapieren. Die Sauce angießen.

# Törtchen vom Kalbskopf
## mit marinierten Jakobsmuscheln
### und Rucola-Pesto

## Vorspeise

Für 4 Personen

FÜR DIE MARINIERTEN
JAKOBSMUSCHELN:
3 Knoblauchzehen,
gehackt
5 g Schalottenbrunoise
25 dl Muscadet
2 Prisen Meersalz
1 TL Zitronensaft
1 Tropfen Tabasco
100 g ausgelöste
Jakobsmuscheln

FÜR DIE KALBSKOPF-
SCHEIBEN:
500 g Kalbskopf,
gekocht
Salz, Pfeffer aus der Mühle
1 EL gehackte Petersilie
1 EL gehackte Trüffel
1 Ei, Paniermehl
Öl zum Ausbacken

FÜR DAS RUCOLA-PESTO:
1 Bund Rucola
200 ml Olivenöl
50 g Pinienkerne
50 g Parmesan, gerieben
1 Knoblauchzehe, geschält
Salz, Pfeffer aus der Mühle

FÜR DIE GARNITUR:
etwas Friséesalat
4 Kirschtomaten, nach Belieben enthäutet
Trüffelöl nach Belieben

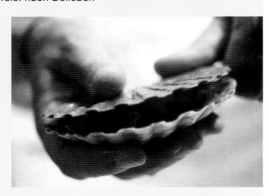

❯ Knoblauch, Schalottenbrunoise und Muscadet einmal kurz aufkochen und auf Eis stellen. Wenn diese
Marinade erkaltet ist, Salz, Zitronensaft und Tabasco
beigeben. Das Jakobsmuschelfleisch in der Marinade
mindestens 6 Stunden kalt stellen.
❯ Den Kalbskopf, möglichst noch warm, sauber parie-
ren. Das Fleisch mit Salz und Pfeffer würzen, noch lauwarm mit Petersilie und Trüffel bestreuen, zuerst in
Frischhaltefolie und dann in Alufolie zu einer Roulade
zusammenrollen und kalt stellen. Die erkaltete Roulade in 8 etwa 1 cm große Scheiben schneiden und erst
in verschlagenem Ei, dann in Paniermehl wenden. In
Öl ausbacken.
❯ Die Rucola bis auf einige Blätter für die Garnitur
klein schneiden und mit den restlichen Zutaten im
Mixer pürieren. Die Jakobsmuscheln in Scheiben
schneiden. Mit Salz und Pfeffer abschmecken.
❯ Auf großen flachen Tellern je 2 panierte Kalbskopf-
scheiben abwechselnd mit Muschelfleisch übereinander stapeln. Obenauf 1 Kirschtomate setzen. Die Törtchen mit Frisée und zurückbehaltenen Rucolablättern
umlegen, das Pesto dekorativ auf den Teller träufeln,
nach Belieben auch ein wenig Trüffelöl.

# Chartreuse von Kokosnuss
## und Schokolade mit Balsamico-Mangos

## Dessert

Für 4 Personen

FÜR DIE CHARTREUSE:
200 g Zartbitterkuvertüre
1 Blatt essbares Blattgold
1 Ei + 2 Eigelb
40 g Puderzucker
30 g Kokosbutter
6 Blatt Gelatine
80 g Kokosmark
200 ml Kokosmilch
100 g weiße Kuvertüre
400 g Sahne, geschlagen
2 EL Batida de Coco
1 Eiweiß
einige Beeren der Saison und
Minzeblättchen für die Garnitur

FÜR DIE BALSAMICO-MANGOS:
80 g Zucker
4 EL frisch gepresster Orangensaft
100 ml alter Aceto balsamico
1 Mango, in Würfelchen geschnitten

> Für die Chartreuse die dunkle Kuvertüre leicht erwärmen (auf knapp 30 °C), auf diese Weise schmelzen. Die Blattgoldstreifen auf Stücke von Frischhaltefolie legen, mit Kuvertüre überziehen und zu einer Tropfenform bringen.
> Ei mit Eigelben und Puderzucker auf einem warmen Wasserbad aufschlagen, die Kokosbutter separat auflösen und unter die Masse geben.
> Die Gelatine einweichen, auflösen und unter die warme Eimasse rühren. Kokosmark und -milch sowie erwärmte weiße Kuvertüre beigeben und die Masse auf Eis kalt rühren.
> Die geschlagene Sahne mit dem Batida de Coco parfümieren und unterheben. Zum Schluss das Eiweiß steif schlagen und unterziehen. Die Masse in die Schokotropfen füllen und kalt stellen.
> Für die Balsamico-Mangos den Zucker karamellisieren lassen, mit Orangensaft ablöschen und den Aceto balsamico beigeben. Anschließend die Flüssigkeit 3–4 Minuten reduzieren; anschließend abkühlen lassen. Die Mangowürfelchen damit marinieren. Etwas von der Reduktion für die Verzierung zurückbehalten.
> Je 1 gefüllten Schokoladentropfen auf Dessertteller setzen, mit den Beeren und Minzeblättchen garnieren, daneben etwas von den Balsamico-Mangos geben. Den Teller mit ein wenig von der Reduktion verzieren.

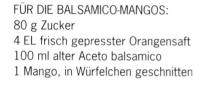

Ein Anruf von Manuela Ferling: „Holger", eröffnete die Managerin des Freundeskreis dem bis dahin Zweiten Vorsitzenden, „du bist von deinem Posten abgewählt." Na gut, schoss es Holger Stromberg durch den Kopf, jetzt hab' ich vielleicht doch mal ein wenig mehr Zeit für mich ... „Du bist jetzt Erster Vorstand."

„Hauptsache, nicht Schriftführer", sagt der Präsident der „Jungen Wilden" heute, „ansonsten übernehme ich gern Verantwortung." Anfang 1999 begann der damals 28-Jährige als Chef de Cuisine im *Mark's Restaurant* des Münchner Hotels Rafael – ein Projekt, das nicht nur der Gegend hinterm Hofbräuhaus wieder Haute Cuisine, sondern auch dem Hotel neuen Sternensegen bescheren soll.

Die Operation Glamour ist ein Knochenjob. „Ich setz' die Scheuklappen auf", sagt Holger Stromberg, der momentan eine Wochenend-Ehe führt, „und arbeite auf mein Ziel hin. Halbe Sachen kann ich gar nicht."

Diese Verantwortung kannte der in Münster geborene und aufgewachsene Gastronomensohn schon als Kind. „Wenn andere beim Fußball waren, durfte ich Gläser spülen und eindecken." Servietten falten übte offenbar eine größere Faszination aus als Steilpässe schlagen: Stromberg zählt zu den „Jungen Wilden", die ihr Metier ohne Umweg ansteuerten. Auf die

von den anderen nicht kaputt gemacht werden – gleichzeitig müssen sie ihn, jeder für sich, zum Ausdruck bringen können." Sein Stil – das ist die klassische Küche mit mediterranen und jungen Akzenten. Zum Menü der Rafael-Gourmetküche gehören Zanderfilet auf Entenmägen-Ragout; Thunfisch mit Pfefferkaramell und kandierten Limetten; Aprikosen-Mandeltarte mit Estragoneis. „Anfangs habe ich permanent nach dem total

# Keine halben Sachen

Frage, was er gemacht hätte, wenn er nicht Koch geworden wäre, reagiert er etwas ratlos: „Bestimmt was anderes – aber ich habe nie einen Gedanken daran verschwendet!"

Nach einer Ausbildung in Oberboihingen arbeitete Stromberg im *Schwarzen Adler*, Oberbergen, in der Rotisserie der Eltern und in Emil Jungs *Crocodile* in Straßburg – „den Laden liebe ich bis heute!" Fast drei Jahre als Chef de Cuisine im Stern-Restaurant *Goldschmieding* in Castrop Rauxel lieferten das entscheidende mentale Rüstzeug – und die Erkenntnis:

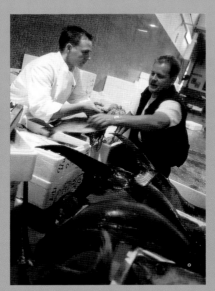

„Ein guter Koch muss auch Psychologe sein!"
„Früher hat man einen an die Backe gekriegt, und das war's", sagt er im sonoren Tonfall seiner Heimat. „Heute fragst du auch mal, wie es den Leuten geht." Gerade am Abend zuvor hat er das bei seinem Restaurantleiter getan – eine „Tour um die Häuser", wie er etwas übernächtigt gesteht, inklusive. Das delikate Teamwork Kochen beschreibt er so: „Dein Stil darf

Abgedrehten gesucht." Heute klingt er abgeklärter: „Alles war schon mal da, man kann es nur anders interpretieren." Wobei eine Opera, eigentlich eine Kaffeeschnitte, die mit Gänsestopfleber serviert wird, gewiss als sehr freie Interpretation gelten darf.

Ob Leber oder Loup de Mer: „Lebensmittel sind nicht nur Material. Ein Stück Metall ist tot – aber ein Fisch wurde gefangen und getötet, damit wir ihn essen. Das verlangt Respekt." Stromberg, der früher auch selbst geschlachtet hat, hält die Beschäftigung mit „Leben und Natur" für entscheidend – in Castrop Rauxel hat er täglich zwei Stunden im Kräutergarten gearbeitet, „egal, wie kaputt ich war".

Ein Kräutergarten, „so groß, dass du dich reinlegen kannst", spielt auch in seinen Zukunftsvisionen eine Rolle: Stromberg träumt von einem „kleinen, netten Restaurant, wo es ruhiger zugeht, auf Ibiza zum Beispiel." Doch vor der Gourmet-Finca möchte er noch andere Projekte realisieren, so hat er zum Beispiel Ideen für eine Berufskleidungs-Kollektion für Köche – mit coolen Schnitten, Naturfarben, reduzierten Extras; interessierte Hersteller können sich bei ihm melden. „Diese Karohosen, Schürzen und blöden Mützchen", sagt der Erste Vorsitzende der „Jungen Wilden" mit jungenhaftem Entsetzen, „machen doch nicht an!"

Holger **Stromberg**

**Mein Menü:**

❯ **Terrine von provenzalischem Gemüse mit Pesto**

❯ **Lammrücken mit Aromaten im Brickteig gebacken**

❯ **Tarte Tatin von Aprikosen mit Olivenöleis**

# Terrine
## von provenzalischem Gemüse
### mit Pesto

**Vorspeise**

Für 4 Personen

FÜR DIE TERRINE:
3 große vollreife Strauchtomaten, enthäutet,
geviertelt und entkernt
etwas alter Aceto balsamico
etwas Basilikum, fein geschnitten
Salz, Pfeffer aus der Mühle
je 2 gelbe und rote Paprikaschoten,
halbiert und entkernt
2 Auberginen, längs in dünne Scheiben geschnitten
je 1 grüne und gelbe Zucchini, längs
in dünne Scheiben geschnitten
Olivenöl zum Braten

FÜR DAS PESTO:
160 g Basilikumblätter
knapp 1 EL Meersalz
140 g Parmesan, grob zerkleinert
4 Knoblauchzehen, geschält
60 g Pinienkerne
1/4 l Olivenöl

> Den Backofen auf Umluft 160–170 °C vorheizen. Die Tomatenviertel mit Aceto balsamico, Basilikum sowie Salz und Pfeffer marinieren. Die Paprikaschotenhälften mit der offenen Seite auf ein Backblech setzen und im Ofen 15–20 Minuten garen. Herausnehmen, zugedeckt auskühlen lassen, dann die Haut abziehen, die Paprikahälften längs vierteln und auf Küchenpapier legen.

> Auberginen und Zucchini in einer beschichteten Pfanne in Olivenöl auf beiden Seiten goldbraun braten, dabei mit Salz und Pfeffer würzen. Auf ein Kuchengitter legen, damit überschüssiges Öl abtropfen kann.

> Für das Pesto Basilikum, Meersalz, Parmesan, Knoblauchzehen, Pinienkerne und das Olivenöl pürieren. Etwas Pesto für die Garnitur beiseite stellen.

> Eine Terrinenform mit Frischhaltefolie auslegen, die Auberginenscheiben quer leicht überlappend in die Terrinenform legen, so dass auf jeder Seite 1/3 über hängt.

> Die Hälfte der Tomaten längs auf die Auberginen legen, darauf etwas Pesto geben. Als folgende Schicht die grünen Zucchini legen, dann die gelben Paprika, danach längs Auberginen, gelbe Zucchini, rote Paprika, Tomaten, Pesto usw., bis die Terrine etwa 1 cm über den Rand der Form hinaus mit Gemüse geschichtet ist. Die überhängenden Auberginen über das Gemüse legen und mit Frischhaltefolie überdecken.

> Die Terrine beschweren und für 2–4 Stunden ins Kühlfach stellen. In etwa 2 cm dick geschnittenen Scheiben servieren.

# Lammrücken mit Aromaten im Brickteig gebacken

## Hauptgang

Für 4 Personen

**FÜR DIE KONFIERTEN TOMATEN:**
3 vollreife Strauchtomaten
1 Zweig Thymian, 1 Zweig Rosmarin
2 Knoblauchzehen
Salz, Olivenöl

**FÜR DAS LAMM IM TEIG:**
2 Lammkarree à 800–1000 g
Salz, Pfeffer, Öl zum Braten
2 Blätter Brickteig

**FÜR DIE SAUCE:**
1 Karotte, grob geschnitten
50 g Knollensellerie, grob geschnitten
50 g Lauch, grob geschnitten
3 Schalotten, grob geschnitten
2 Knoblauchzehen, zerdrückt
125 ml Madeira, 350–400 ml Rotwein
200 ml heller Lammfond

**FÜR DIE FARCE:**
200 g Poulardenbrust (ohne Haut und Sehnen)
Salz, 1 Ei, 100 g Sahne
50 g Schalotten, fein gewürfelt
Olivenöl
50 ml Lammfond
1 Zweig Thymian, 1 Lorbeerblatt
50 g schwarze Kalamata-Oliven, gehackt
50 g getrocknete Tomaten, gehackt
100 g Kerbel, fein gehackt
2 EL Estragon, fein gehackt
Pfeffer

**FÜR DIE KARAMELLISIERTEN SCHALOTTEN:**
2 EL Zucker, etwas Olivenöl
18 Schalotten, geschält
Salz, etwas Lammfond

❯ Die Strauchtomaten enthäuten, entkernen und vierteln, mit Thymian, Rosmarin und Knoblauch auf ein Backblech setzen, mit etwas Salz würzen und mit Olivenöl knapp bedecken. Bei 90 °C Umluft 2–4 Stunden konfieren.
❯ Die Lammkarrees auslösen und von Fett und Sehnen befreien. Mit Salz und Pfeffer würzen, in einer heißen Pfanne von allen Seiten in Öl goldbraun anbraten, auf Küchenpapier legen.
❯ Für die Sauce die Lammknochen hacken. Aus Knochen und den übrigen Zutaten aus der Zutatenliste eine Sauce herstellen.
❯ Die Poulardenbrust in feine Würfel schneiden, mit etwas Salz würzen und daraus im Mixer mit Ei und Sahne eine Farce herstellen. Die Schalottenwürfel in etwas Olivenöl anschwitzen und mit Lammfond ablöschen. Mit Salz würzen, Thymian und Lorbeer zugeben und die Flüssigkeit vollkommen einkochen. Thymian und Lorbeer herausnehmen, die Schalotten kühl stellen. Die Farce mit den Oliven, getrockneten Tomaten, Schalottenwürfeln, Kerbel und Estragon vermengen. Mit Salz und Pfeffer würzen und gleichmäßig auf den Brickblättern ausstreichen.
❯ Das Lammfleisch auf die bestrichenen Teigblätter legen und darin einschlagen. Die Päckchen in einer beschichteten Pfanne von allen Seiten in Olivenöl goldbraun anbraten, herausnehmen und auf ein Kuchengitter legen.
❯ Den Backofen auf 170 °C Umluft vorheizen. Das Fleisch im Teig darin in 6–9 Minuten rosa garen, herausnehmen und noch etwa 2 Minuten ruhen lassen. Mit einem elektrischen Sägemesser in 4 oder 8 gleichmäßige Stücke schneiden.
❯ Für die Schalotten den Zucker mit etwas Olivenöl in einer Stielpfanne karamellisieren. Die Schalotten zugeben, mit etwas Salz würzen und (wenig) Lammfond angießen. Die Schalotten bei schwacher Hitze zugedeckt 10–15 Minuten garen. Den Deckel abnehmen und den Fond unter Rühren einkochen.
❯ Die konfierten Tomaten, falls nötig, nochmals erwärmen. Auf die Teller das Lamm jeweils in die Mitte legen, die karamellisierten Schalotten sowie die konfierten Tomaten um das Fleisch legen; mit etwas Sauce servieren.

**Tipp:**
❯ Brickteig ist ein hauchdünner frühlingsrollen-ähnlicher Teig, den Sie im Feinkostgeschäft oder in asiatischen Lebensmittelgeschäften erhalten.

# Tarte Tatin von Aprikosen mit Olivenöleis

## Dessert

Für 4 Personen

**FÜR DAS EIS:**
1/2 l Milch
2 EL Honig
5 Eigelb, 100 g Zucker
3 EL kräftiges Olivenöl
extra vergine

**FÜR DIE TARTE TATIN:**
80 g Butter
150 g Zucker
500–600 g entsteinte und in
Sechstel geteilte Aprikosen
200 g Blätterteig

**FÜR DIE GARNITUR:**
Beeren nach Belieben
Minzeblättchen
kandierte Veilchenblüten

> Für das Eis die Milch mit dem Honig zum Kochen bringen. Eigelbe und Zucker in einem Topf schaumig rühren, dann die kochende Milch unter Rühren darunter geben. Den Topf bei schwacher Hitze auf den Herd stellen und ständig rühren, bis die Masse dickflüssig wird (dabei darf sie aber nicht kochen!). Die Creme durch ein Sieb geben, abkühlen lassen und unter Rühren das Öl hinzufügen. Anschließend die Eismasse in einer Eismaschine gefrieren lassen.
> Für die Tarte den Backofen auf 200 °C Umluft vorheizen. In 4 kleinen runden Backförmchen (10–12 cm Ø) aus Butter und Zucker jeweils einen Karamell herstellen; gleichmäßig Aprikosenschnitze zweilagig daraufgeben.
> Den Blätterteig etwas auswellen und die Früchte damit zudecken. Die Tartes im heißen Ofen 18–20 Minuten backen, bis der Blätterteig goldbraun ist und die Aprikosen weich sind. Dann auf der heißen Herdplatte unter ständiger sanfter Bewegung den entstandenen Saft einkochen (bis kein Saft mehr am Rand der Förmchen zu sehen ist).
> Die Tartes nacheinander auf einen Topfdeckel stürzen, mit einer Palette auf Teller heben. Mit je 1 Nocke Olivenöleis möglichst noch warm servieren. Den Teller mit Beeren, Minzeblättchen und kandierten Veilchenblüten ausgarnieren.

Es gibt wenig Köche aus der Generation der 30- bis 40-Jährigen, die sich besonders gerne an ihre Lehrjahre erinnern. Und wohl kaum einer würde seinem ehemaligen Ausbildungsbetrieb freiwillig einen Besuch abstatten. Anders Konrad-Zacharias Wolfmiller: Seine Zeit als Kochlehrling im *Restaurant Seehaus* in Riederau am Ammersee bezeichnet er als „hart, aber sehr schön"; und im Rahmen der Feiern zu seinem 30. Geburtstag („eine Woche lang Party") schaute er auch bei den ehemaligen Kollegen vorbei.

In einem Fernsehbericht über die *Schweizer Stuben* hatte er es zum ersten Mal gesehen, im *Seehaus* dann live erlebt: „Dass Kochen Kostbarkeiten hervorbringt, uns Delikatessen wie Hummer oder Gänsestopfleber beschert". Daheim in Landsberg am Lech hatte

briesparfait mit Ingwer, Taubenkotelett auf Selleriepüree oder Dorschfilet in Meerrettichschaum. „Wolfmiller zeigt der Gastro-Krise auf der Insel die Zähne", hieß es etwa im „Feinschmecker". So offensiv würde der Gelobte selbst das nie ausdrücken. „Ich bin kein resoluter Mensch", sagt der Landschafts-Liebhaber, der gerade den Motorrad-Führerschein gemacht hat und 6000 Kilometer kreuz und quer durch die Republik gefahren ist, „ich laufe nicht mit der Peitsche 'rum."

Seine Abneigung vor großmundigen Auftritten beginnt schon bei überladenen Menü-Karten. „Wir sollten nur die zwei, drei Haupt-Elemente erwähnen und den Rest einfach dazuspielen", lautet sein Ideal. Das Ziel: Bei den Gästen mit Überraschungen wie Safrangelee zum Seeteufel auf geschmortem Weißkohl oder Orangensaft-Reduktion zum Lachstört-

# Ein GERICHT darf sich nicht verlieren

es so etwas nicht gegeben – und der „15-Jährige mit den zwei linken Händen" tat wirklich alles, um möglichst schnell möglichst fingerfertig die vielfältigen Facetten der großen Küche zu beherrschen.

Die Schweizer Interpretationen von Haute Cuisine lernte er im Restaurant *Stüva Colani* in Madulain/St.Moritz und im *Steigenberger Hotel* in Gstaad kennen, Sterne-Küche dann im *Landhaus Nösse* auf Sylt und im *Landhotel Schlosswirtschaft* in Illereichen. Nach dem Besuch der Meisterschule wagte sich der frisch gekürte Küchenmeister auf kulinarisch nur wenig erforschtes Gebiet: Von 1995 bis Ende 98 arbeitete er auf der Ostsee-Insel Rügen – für Wolfmiller, der mit seinem blonden Pferdeschwanz auch in Surfer-Serien wie „Gegen den Wind" überzeugen könnte, „die bisher schönsten Jahre meines Berufslebens".

Ein Bayer auf Rügen: Natürlich verzichtete kein Bericht über Wolfmillers Wirken im *Restaurant Cokji* des Seepark Residenzhotels und später im *Hotel Wreecher Hof* auf diesen schönen Titel. Einheitlich auch der Beifall für seine Mischung aus regionaler und mediterraner Frische-Küche, für Gerichte wie Kalbs-

chen auf Fenchel einen Aha-Effekt erzielen. Wohl dosiert, so Wolfmiller, sollte sich nicht nur die schriftliche, sondern auch die optische Darstellung der Speisen präsentieren. „Passende Teller", so lautet seine Überzeugung, „sind das Wichtigste überhaupt."

Wie und worauf er seine Kreationen anrichten wolle, müsse sich jeder Koch vor der Zubereitung genauestens überlegen. „Die verschiedenen Komponenten eines Ganges sollten nicht zu eng an- und aufeinander geschichtet werden – ein Gericht darf sich aber auch nicht verlieren!"

Nicht verloren, sondern wieder aufgenommen hat Konrad Wolfmiller jetzt den roten Faden, der sich durch seine mittlerweile 15 Berufsjahre zieht: Im Mai 2000 kehrte er ins „Seehaus" von Riederau zurück – diesmal nicht für eine Party. Der ehemalige Lehrling hat als Chefkoch sein „Traumhaus" übernommen und kreiert hier mit zehn Mitarbeitern eine multikulturelle Küche, deren Grenzen weder am Ammer- noch an der Ostsee liegen. Wolfmiller präsentiert etwa Bärlauchrisotto mit Scampi, Wok-Gemüse, fangfrischen Fisch – und Fleisch, selbst ausgelöst und geschnitten, „wie man es mir hier einmal beigebracht hat".

# Konrad-Zacharias
# Wolfmiller

## Mein Menü:

❯ Lachstörtchen auf mariniertem Fenchel

❯ Seeteufel auf geschmortem Weißkohl

❯ Gefüllte Honigwabe mit Buttermilch–Mousse

**Tipp:**

❯ Dekorieren Sie die Lachstörtchen am Rand nach Belieben mit hellen und dunklen Sesamsamen und servieren Sie marinierte Lachsscheiben dazu.

# Lachstörtchen
### auf mariniertem
# Fenchel

**Vorspeise**

Für 4 Personen

FÜR DEN MARINIERTEN FENCHEL:
3 Fenchelknollen
100 ml reduzierter Orangensaft
10 g Ingwerwurzel, fein gehackt

FÜR DIE LACHSTÖRTCHEN:
250 g Lachsfilet
je 90 ml Fisch- und Geflügelfond, zimmerwarm
etwas Limettensaft
Salz, Pfeffer
3 Blatt Gelatine, eingeweicht
4 EL Noilly Prat
250 g Sahne, geschlagen

FÜR DAS SAFRANGELEE:
150 ml Fischfond
einige Safranfäden
1 1/2 Blatt Gelatine

> Für den marinierten Fenchel den Fenchel quer fein schneiden und etwa 1 Stunde in Orangensaft mit Ingwer einlegen.
> Für die Lachstörtchen den Fisch mit dem Fond pürieren, durch ein Sieb streichen und kräftig würzen. Die Gelatine einweichen, den Noilly Prat aufkochen, die Gelatine darin auflösen und unter die Fischmasse heben. Auf Eis rühren, bis sie zu gelieren beginnt, dann die Sahne unterheben. Eine Soufflé-form mit Frischhaltefolie auslegen. Die Lachsmousse hineingeben und für etwa 1 Stunde in den Kühlschrank stellen.

> Für das Safrangelee den Fond mit Safran aufkochen und 10 Minuten ziehen lassen. Die Gelatine einweichen, den Safranfond passieren und die Gelatine darin auflösen. Das Gelee auf Eis kalt rühren, anschließend über die gekühlte Lachsmousse gießen und mindestens 2 Stunden gut durchkühlen lassen.
> Die Lachsmousse vorsichtig aus der Form nehmen, in 4 Stücke schneiden und dann auf dem marinierten Fenchel anrichten.

# Seeteufel
## auf geschmortem
# Weißkohl

## Hauptgang

Für 4 Personen

**FÜR DEN SEETEUFEL:**
1 Seeteufel (à ca. 2,5 kg)
1 Weiß- oder Spitzkohl (ca. 1 kg)
2 EL Sesamöl, 200 g Sojasauce
Salz, Pfeffer
1 Schalotte, fein gewürfelt
50 g Butter
140 ml Weißwein, 280 ml Fischfond
200 g Crème double
2 EL gelbe Tandooripaste
1 TL Kurkuma
2 EL geschlagene Sahne
2 EL Olivenöl
frittierte Gemüsestreifen nach
Belieben für die Dekoration

**FÜR DEN WEISSKOHL:**
1 Weiß- oder Spitzkohl (ca. 1 kg)
2 EL Sesamöl, 200 g Sojasauce
Salz, Pfeffer

❭ Die dunkle, feste Haut des Seeteufels zum Schwanzende hin abziehen. Die Flossen abschneiden. Vom Mittelknorpel aus die Fischfilets mit einem scharfen Messer von den Hautresten und Adern befreien. Danach den sauber parierten Seeteufel quer in 8 gleichmäßige Stücke teilen, so dass die Knorpel beidseitig an den Seeteufelfilets anliegen.

❭ Den Kohl putzen und in mundgerechte Stücke schneiden. Im Wok in dem Sesamöl und der Sojasauce gar schmoren. Mit Salz und Pfeffer würzen.

❭ Für die Sauce die Schalotte in der Butter anschwitzen, mit dem Wein ablöschen und diesen nahezu vollständig einkochen lassen. Den Fischfond zugeben und auf 1/3 seines Volumens reduzieren. Die Crème double dazugeben, unter Rühren kurz aufkochen. Tandooripaste und Kurkuma einrühren, den Kohl mit Salz und Pfeffer abschmecken. Vor dem Servieren kurz mit dem Stabmixer schaumig schlagen und zuletzt die geschlagene Sahne unterheben.

❭ Den Fisch trockentupfen, das Olivenöl in der Pfanne erwärmen und die Filets darin von jeder Seite 3 – 4 Minuten braten.

❭ Den Kohl auf vorgewärmte Teller verteilen, den Seeteufel daraufsetzen und mit etwas Sauce beträufeln. Nach Belieben mit frittierten Gemüsestreifen garnieren.

# Gefüllte Honigwabe
## mit Buttermilch-Mousse

**Tipp:**
❯ Dazu können Sie blanchierte Kumquats mit einer leicht gebunden Orangensauce reichen.

### Dessert

Für 4 Personen

FÜR DIE BUTTERMILCH-MOUSSE:
250 g Buttermilch
100 g Zucker
abgeriebene Schale und Saft
von 1 unbehandelten Zitrone
abgeriebene Schale von
1 unbehandelten Limette
3 Blatt Gelatine
350 g Sahne

FÜR DIE HONIGWABEN:
100 g Mehl
100 g Honig
120 g Butter
200 g Puderzucker

❯ Für die Mousse Buttermilch, Zucker, Zitronen- und Limettenschale verrühren. Die Gelatine einweichen. Die Sahne steif schlagen. Die gequollene Gelatine in dem leicht erwärmten Zitronensaft auflösen und zur Buttermilch geben. Zum Schluss mit einem Schneebesen vorsichtig die geschlagene Sahne unterheben. Die Buttermilch-Mousse in eine Schüssel füllen und etwa 2 Stunden erkalten lassen.
❯ Den Backofen auf 220 °C vorheizen. Für die Honigwaben Mehl, Honig, Butter und Puderzucker zu einem glatten Teig verrühren. Kleine Kugeln abdrehen, auf ein mit Backpapier belegtes Blech setzen und im heißen Ofen etwa 5 Minuten backen. Danach die Teigstücke über eine umgestülpte kleine Tasse legen und erkalten lassen.
❯ Auf Dessertteller je 1 Honigwabe setzen, die Buttermilch-Mousse mit einem Dressierbeutel dekorativ aufspritzen.

# Glossar spezieller Begriffe und Techniken

**anschwenken**   In heißem Fett kurz wenden.

**anschwitzen**   Klein geschnittenes Gemüse oder gehackte Zwiebeln in etwas Fett bei geringer Hitze garen, ohne es/sie zu bräunen.

**aufmontieren**   Saucen mit Butter verfeinern, binden, ihnen ein glatteres und glänzenderes Aussehen verleihen. Dazu eisgekühlte Butterstückchen einzeln in die fertig gekochte und von der Herdplatte genommene Sauce rühren; jeweils kräftig schlagen, bis sie von der Sauce völlig aufgenommen sind, erst dann das nächste Stück Butter unterrühren.

**Bisque**   Cremiges Püree, das die Essenz einer Zutat enthält. Traditionelle Bisques bestehen aus Schalentieren; als Basis sind aber auch Wild, Geflügel und geschmacksintensive Gemüsesorten geeignet.

**blanchieren**   Hauptsächlich Gemüse und Obst kurz in kochendes Wasser geben, dann sofort in Eiswasser tauchen. Diese Technik wird angewandt, um die Farbe auch beim späteren Kochen zu erhalten, um eine Haut abzulösen oder um Bitterstoffe zu entfernen.

**Brunoise**   Hauptsächlich Gemüse (v. a. Karotten, Stangensellerie, Lauch, Zucchini oder Zwiebeln) in feine Würfel geschnitten.

**Bukett**   Auch: Bouquet; Sträußchen von Kräutern, Salatblättern u. a.

**Buntmesser**   Messer mit gewellter Klinge zum Schneiden von dekorativen Gemüsescheiben, Butterstückchen usw.

**Consommé**   Kraftbrühe aus reduziertem und (meist) geklärtem Kalbs-, Rinder- oder Geflügelfond.

**Crépinette**   Wurst aus ungegartem Brät. In Frankreich wird mit Crépinette ein gewürztes und in Schweinenetz gewickeltes Fleischbrät bezeichnet.

**Dekoration**   Verzierung von fertigen Gerichten, die kein fester Bestandteil des Rezeptes ist, aber dennoch auf die Speise abgestimmt sein sollte.

**dressieren**   Einer Speise eine bestimmte Form geben oder sie auf eine besondere Weise anrichten.

**emulsionieren**   Zu einer Emulsion verarbeiten, d. h. die Ölkomponente mit der Wasserkomponente einer Flüssigkeit möglichst innig vermischen.

**Farce**   Mischung aus fein gehacktem oder durchgedrehtem Fleisch oder Brät mit anderen, Masse gebenden und würzenden Zutaten; als Füllung von Fleisch, Geflügel, Pasteten etc.

**Garnitur**   Im Gegensatz zur Dekoration eine typische Beigabe zu einem Gericht, die man nicht einfach weglassen oder verändern kann.

**Glace**   a) Stark reduzierte und gelierte Fleischbrühe, mit der man Saucen verbessert.

b) Zuckerglasur, die für schöne Bräunung und Glanz sorgt.

**glasieren**   Auch: glacieren; Überziehen eines Lebensmittels mit dem eigenen eingekochten und mit Butter verfeinerten Saft; auch: Überziehen mit Gelee oder Zuckerglasur.

**Jus**   frz. wörtlich: Saft. Meist wird damit Fleischsaft bezeichnet, der aus Fleischknochen zubereitet wird und in der Konsistenz zwischen Glace und Fond liegt.

**Karkasse**   Gerippe von (meist) Geflügel.

**mehlieren**   Vor dem Braten mit wenig Mehl bestäuben; wird hauptsächlich für Fleisch- und Fischstücke aller Art angewendet; auch für Auberginenscheiben. Das Gargut bekommt eine schöne Farbe, ein gutes Aroma und trocknet weniger leicht aus.

| | |
|---|---|
| *Mie de Pain* | Weiche Brotkrumen ohne Rinde. |
| *Mirepoix* | In große Würfel geschnittenes Gemüse (traditionell eine Mischung aus Karotten, Zwiebeln, Stangensellerie und Lauch), das zum Aromatisieren von Saucen, Suppen und Schmorgerichten verwendet wird. |
| *montieren* | Siehe aufmontieren. |
| *nappieren* | Mit Sauce überziehen. |
| *Nussbutter* | Gebräunte Butter: die Butter erhitzen, bis sie bräunt und nussig duftet. |
| *parfümieren* | Aromatisieren; mit einer duftenden Geschmackszutat versetzen. |
| *parieren* | frz.: herrichten. Fleisch und Fisch von Haut, Sehnen und sichtbarem Fett befreien, evtl. noch in gleichmäßige Stücke schneiden. Die Abschnitte (= Parüren) können zum Kochen eines Fonds verwendet werden. |
| *Petite Marmite* | Eigentlich: berühmter französischer Suppentopf, für den man neben Fleisch auch ein Suppenhuhn braucht. |
| *pochieren* | Zarte Lebensmittel, z. B. Fisch, Eier und weiches Obst in reichlich Flüssigkeit bei Temperaturen unterhalb des Siedepunktes schonend garen; erhält Geschmack, Feuchte und Zartheit. |
| *Quatre épices* | Französische Gewürzmischung aus Zimt, Nelke, Muskatnuss und Pfeffer; wird hauptsächlich für Fleisch- und Wustwaren verwendet. |
| *reduzieren* | Eine Flüssigkeit durch Kochen bei geringer Hitze ohne Deckel langsam einkochen, womit sie eine größere Sämigkeit und intensiveres Aroma bekommt. |
| *sautieren* | frz.: schmoren. Kleingeschnittene Zutaten, meist Fleisch oder Gemüse in der Pfanne rasch an- und gar braten. |
| *schier(es Fleisch)* | Völlig sauber pariertes Fleisch. |

| | |
|---|---|
| *Schmetterlingssteak* | Dicke Fleisch- oder Fischscheiben oder auch Garnelen, die aufgeschnitten, aber nicht ganz durchgeschnitten sind. Durch das Aufklappen entsteht die Form, die an einen Schmetterling erinnert; wird so gebraten. |
| *Sorbetière* | Kleine Eismaschine. |
| *tomate concassée* | Enthäutetes, in Stücke geschnittenes Tomatenfleisch. |
| *Tomaten enthäuten* | Tomaten oben sternförmig einritzen und den Strunk herausschneiden. In heißem Wasser kurz, etwa 7 Sekunden, blanchieren, im Eiswasser abschrecken und etwas abkühlen lassen. Die Tomatenhaut abziehen. |
| *Zeste* | Zitrusschale; nur die dünne äußere Schicht (ohne weiße Teile), die das Zitrusöl enthält. Sie kann z. B. mit dem Sparschäler abgezogen werden. |
| *zur Rose abziehen* | Eine aufgeschlagene Eigelbmasse auf dem Wasserbad bei 65–85 °C unter Rühren dicklich kochen, so dass, wenn man etwas von der Masse auf den Kochlöffel gibt, diese beim Anpusten blätterartige Wellen („Rose") bildet. |

## Zu den Rezepten

**Abkürzungen:**

| | |
|---|---|
| ml = Milliliter | EL = Esslöffel |
| l = Liter | TL = Teelöffel |
| g = Gramm | cm = Zentimeter |
| kg = Kilogramm | Msp. = Messerspitze |

**Hinweis:**

Die Backofentemperaturen beziehen sich, sofern nicht anders angegeben, auf den Elektroherd mit Ober- und Unterhitze. Wenn Sie mit Umluft arbeiten, reduzieren Sie die Temperatur um 15–20 %. Die Backzeit bleibt gleich.

Die Umrechnung von °C–Angaben auf Temperaturstufen bei Gas-Backöfen entnehmen Sie bitte der Beschreibung des Geräteherstellers.

# Adressliste der „Jungen Wilden"

**Büro der
„Jungen Wilden"**

Manuela Ferling
Am Adlerhorst 6
32547 Bad Oeynhausen
Tel. 0 57 31/86 61 38
http://www.junge-wilde.de

**Amador**
Juan

Schlosshotel Die Weyberhöfe
63877 Aschaffenburg-Sailauf
Tel. 0 60 93/9 40-0

**Buchholz**
Frank

foodconcept
Frank Buchholz
Postfach 23 01 43
55052 Mainz
Tel. 0 61 31/46 73 75

Restaurant Meisterhaus und
BOSCH-Kochschule
Hertingerstraße 32
59423 Unna
Tel. 0 23 03/1 46 85

**Büttner**
Sven

Restaurant Sansibar
25980 Rantum/Sylt
Tel. 0 46 51/96 46-46

**Dressel**
Alexander

Restaurant Borchardt
Französische Straße 47
10117 Berlin
Tel. 0 30/20 38-71 10

**Eis**
Gerd

ENTE
Hotel Nassauer Hof
Kaiser-Friedrich-Platz 3
65183 Wiesbaden
Tel. 06 11/13 36 66

**Exenberger**
Christian

Hotel/Brauereigasthof
Schreieggs Post
Postgasse 2
86470 Thannhausen
Tel. 0 82 81/90 50

**Freitag**
Björn

Restaurant Goldener Anker
Lippetor 4
46282 Dorsten
Tel. 0 23 62/2 25 53

**Heissig**
Manfred

Heissig Factory
Gastronomische Unter-
nehmensberatung
Weddigenweg 69
12205 Berlin
Tel. 0 30/8 33 28 06

**Herrmann**
Alexander

Herrmann's Posthotel
Marktplatz 11
95339 Wirsberg
Tel. 0 92 27/2 08-0

**Kleeberg**
Kolja

Restaurant VAU
Jägerstr. 54/55
10117 Berlin
Tel. 0 30/20 29 73-0

| | | | |
|---|---|---|---|
| **Loisl**<br>Christian | Gastronomieberatung,<br>Eventplanung und -durch-<br>führung<br>Tel. 01 71/6 54 79 84 | **Schwekendiek**<br>Achim | Hotel/Restaurant Hohenhaus<br>37293 Herleshausen–Holzhausen<br>Tel. 0 56 54/98 70 |
| **Manier**<br>Stefan | Restaurant Goldener Pflug<br>im Hotel Gut Ising<br>Kirchberg 3<br>83339 Chieming<br>Tel. 0 86 67/79-0 | **Semmler**<br>Markus | Restaurant Mensa<br>Am Lützowplatz 5<br>10785 Berlin<br>Tel. 0 30/25 79 93 33 |
| **Marquard**<br>Stefan | Restaurant 3 Stuben<br>Winzergasse 1<br>88709 Meersburg<br>Tel. 0 75 32/80 02-0 | | Restaurant Stil im Stilwerk<br>Kantstraße 17<br>10623 Berlin<br>Tel. 0 30/31 51 86-0 |
| **oehler**<br>Frank | Restaurant „d'Rescht"<br>Bahnhofstr. 63<br>87749 Hawangen<br>Tel. 0 83 32/2 69 | **Sonnenwald**<br>Steffen | Art Cuisine<br>Gastronomieberatung,<br>Fooddesign und Kochevents<br>Heiglstraße 39<br>82515 Wolfratshausen<br>Tel. 01 79/2 99 13 68<br>Internet: http://www.art-cuisine.de |
| **Rosin**<br>Frank | Restaurant Rosin<br>Hervester Str. 18<br>46285 Dorsten-Wulfen<br>Tel. 0 23 69/43 22 | **Stromberg**<br>Holger | MARK's Restaurant<br>im Hotel Rafael<br>Neuturmstr. 1<br>80331 München<br>Tel. 0 89/29 09 80 |
| | Bistro-Barbetrieb<br>OPUS ONE<br>Bismarckstraße 72<br>46284 Dorsten<br>Tel. 0 23 62/60 23 83 | **Wolfmiller**<br>Konrad-Zacharias | Restaurant Seeblick<br>Seeweg Süd 22<br>86911 Diessen |

# Delikater Marathon

Bisher konnte man sie hauptsächlich „häppchenweise" erleben: Mal kochten die „Jungen Wilden" zu sechst oder siebt bei einer Gala, mal ging eine Hand voll an Bord eines Club-Schiffs, und natürlich tauchen zwei regelmäßig in der TV-Show „Kochduell" auf – doch ein öffentlicher Auftritt als kulinarisches Gesamtkunstwerk ließ auf sich warten. Bis Frank Buchholz, Mitbegründer von Deutschlands ungewöhnlichster Köche-Vereinigung und selbst bereits Herausgeber mehrerer Bücher, die Idee hatte, alle zwanzig Mitglieder der „Jungen Wilden" in einem Bildband vorzustellen: mit Porträt- und Foodfotos, mit ihren Geschichten und ihren charakteristischen Menüs.

Der Falken Verlag war von dem Gedanken genauso begeistert wie Buchholz' Kollegen – und gab den Start-

*Roland Geiselmann*

schuss zu einem Projekt, das in Dimension und Timing einem Staatsbankett mittlerer Größenordnung gleichkam: Unter der Projektleitung von Bärbel G. Renner sollte sich jeder der zwanzig Köche auf sechs von Petra Hille aufwendig gestalteten Seiten präsentieren. Dass dies gelang, ist vor allem auch der vielfältigen Unterstützung von Manuela Ferling zur verdanken, der Managerin der „Jungen Wilden".

## Von Sylt bis ins Allgäu

Bekanntlich gehört Zeitdruck zu einer Fotoproduktion wie Meerrettich zum Tafelspitz. Diesmal jedoch gestalteten sich die Rahmenbedingungen für die Akteure vor wie hinter der Kamera noch hektischer als gewöhnlich. Schließlich hatten Fotograf Amos Schliack und Foodstylist Roland Geiselmann gerade 35 Tage Zeit, um alle Zwanzig „in den Kasten" zu bekommen.

Weil die „Jungen Wilden" so unkompliziert und lebensnah wie möglich dargestellt werden sollten, bedeutete das neben den ebenso detail- wie umfangreichen Aufnahmen von zwanzig Drei-Gänge-Menüs: keine einheitliche Studiofotografie, sondern individuelle Stimmungsbilder – hinterm Herd und vor dem Haus, in der tosenden City oder an einem Lieblingsplatz in der Natur.

Die Eckdaten dieser Tour de force durch ganz Deutschland: 6000 gefahrene Kilometer, 380 verschossene Filme, meist im Auto verbrachte Nächte. Während Amos Schliack glaubhaft versichert, in dieser Zeit nur ca. fünf Stunden geschlafen zu haben (zum Beispiel an einem Mittag, als ihm nach nur 180 Minuten Nachtschlaf bei einem Shooting mitten auf dem Chiemsee die Augen zufielen), beklagt Roland Geiselmann weniger ein Defizit als vielmehr ein Zuviel: 4,5 Kilo habe er bei der Arbeit mit den 20 Topköchen zugenommen.

*Amos Schliack*

## Der Traum vom Schlemmen

Dass bei Texterin Carolin Schuhler die Waage nicht den geringsten Ausschlag zeigte, hat einen einfachen Grund: Wenn Köche Interviews geben, tun sie das logischer- und bedauerlicherweise zu dem Zeitpunkt, an dem sie gerade nicht arbeiten – mit Essen also nichts zu tun haben.

Dafür gewöhnte sich die Autorin, eigentlich zur Teetrinkerin konvertiert, wieder ans Koffein: Milchkaffee, offensichtlich Lieblingsdroge permanent übermüdeter Nachtschaffender, kam ständig auf den Tisch – je nach Region und Location auch als Caffelatte, Cappuccino, latte macchiatio oder Melange.

An diesen frugalen Aspekt der ansonsten höchst unterhaltsamen Begegnungen längst gewöhnt, hatte sich die Münchnerin beim Besuch der Berliner Wilden abends privat verabredet („endlich mal essen gehen") – als der insgesamt 15. Interviewpartner, Markus Semmler, ganz beiläufig fragte: „Möchtest du eigentlich nicht unser Menü probieren?" ...

*Carolin Schuhler*

Nicht erhältliche Zutaten, überraschend gesperrte Küchen, Termin-Missverständnisse in Hamburg, München und Berlin, nächtelange Shootings und anschließende Interviews im Morgengrauen – Flexibilität, Energie und vor allem natürlich die Lust am Kochen, Essen und Genießen zeichnete alle Mitwirkenden an diesem Projekt aus.

Getreu dem Motto der „Jungen Wilden": „Neu. Anders. Ohne jede Kompromisse."

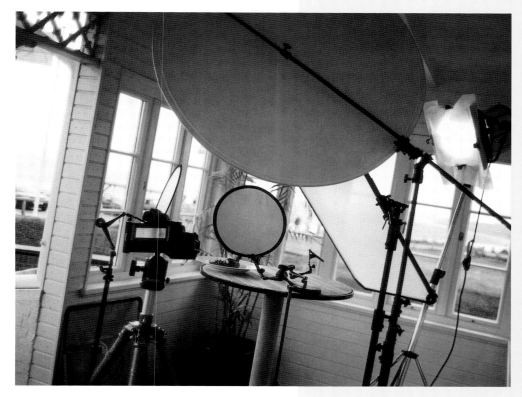

# Rezeptverzeichnis

Im FALKEN Verlag sind zahlreiche Titel zum Thema „Essen und Trinken" erschienen.
Sie erhalten sie überall dort, wo es Bücher gibt.

Sie finden uns im Internet: **www.falken.de**

Der Verlag dankt der *Geldermann* Privatsektkellerei in Breisach und der **SAN PELLEGRINO** Deutschland GmbH
in Mainz für die freundliche Unterstützung.

Amos Schliack dankt den Firmen Kyocera/Contax, PPS und Dormoolen, alle in Hamburg, für ihre Unterstützung.
Die Aufnahmen in diesem Buch wurden mit Contax-645 und Contax-G2 fotografiert.

Dieses Buch wurde auf chlorfrei gebleichtem und säurefreiem Papier gedruckt.

Der Text dieses Buches entspricht den Regeln der neuen deutschen Rechtschreibung.

ISBN 3 8068 7530 8

© 2000 by FALKEN Verlag, 65527 Niedernhausen/Ts.

**Layout:** Petra Hille (HamppVerlag)
**Redaktion:** Bärbel G. Renner (HamppVerlag) und Birgit Wenderoth (FALKEN Verlag)
**Lektorat Rezepte:** Claudia Schmidt
**Herstellung:** Petra Hille (HamppVerlag) und Petra Zimmer (FALKEN Verlag)
**Fotos:** Amos Schliack, Hamburg; außer S. 12: San Pellegrino Deutschland GmbH, Mainz; S. 15: Geldermann
Privatsektkellerei, Breisach; S. 141 r.o.: Hans Georg Fischer, München
**Foodstyling:** Roland Geiselmann
**Produktion und Satz:** HamppVerlag, Stuttgart
**Gesamtkonzeption:** FALKEN Verlag, D-65527 Niedernhausen/Ts.

817 2635 4453 62

Stefan Marquard

Alexander Dressel

Frank Oehler

Frank Rosin

Achim Schwekendiek

Kolja Kleeberg

Christian Loisl

Stefan Manier

Holger Stromberg

Frank Buchholz